四川平武土司遗珍
——明代王玺家族墓出土文物选粹

四川省文物考古研究院
绵 阳 市 博 物 馆
平武县文物保护管理所
编著

文物出版社

图书在版编目（CIP）数据

四川平武土司遗珍：明代王玺家族墓出土文物选粹 /
四川省文物考古研究院，绵阳市博物馆，平武县文物保护
管理所编著． —— 北京：文物出版社，2018.8
　　ISBN 978-7-5010-5666-8

　　Ⅰ．①四… Ⅱ．①四… ②绵… ③平… Ⅲ．①墓葬
（考古）－出土文物－平武县－图录 Ⅳ．①K878.82

中国版本图书馆CIP数据核字（2018）第199895号

四川平武土司遗珍
——明代王玺家族墓出土文物选粹

编　　著：四川省文物考古研究院　绵阳市博物馆　平武县文物保护管理所

责任编辑：王　霞

书籍设计：特木热

责任印制：陈　杰

出版发行：文物出版社

社　　址：北京市东城区东直门内北小街 2 号楼

邮　　编：100007

网　　址：http://www.wenwu.com

邮　　箱：web@wenwu.com

经　　销：新华书店

印　　刷：北京金彩印刷有限公司

开　　本：889mm×1194mm 1/16

印　　张：18

版　　次：2018 年 8 月第 1 版

印　　次：2018 年 8 月第 1 次印刷

书　　号：ISBN 978-7-5010-5666-8

定　　价：360.00 元

编辑委员会

本书获得四川省科技厅

2018 年科研院所基本科研业务费

"四川平武王氏土司家族墓地研究"项目资助

目录

前言

四川自古以来就是一个多民族聚集地，境内不仅有 55 个少数民族，其中 14 个为世居少数民族，同时还拥有全国唯一的羌族聚居区、最大的彝族聚居区和全国第二大藏区。随着秦汉时期大一统思想和夷夏观思想的形成，如何处理中央与少数民族地区的关系，就成为历代王朝政府的难题。相较于汉、唐时期松散的羁縻制度，宋、元以后实施的土司制度则实现了边疆政策的制度化管理，真正将土司纳入了国家行政管理系统，在统一的多民族国家发展过程中发挥了重大的积极作用，而明代则是土司制度最为兴盛的时期。

明代的四川地区，土司数量多，分布广，中间还不断有裁撤与增加，据洪武十七年（1384 年）的材料，四川境内设有军民府六、安抚司一、宣抚司一、宣慰司三、招讨司三、长官司三十、卫一、府四、州十九、县三，从而给我们留下了大量的土司遗产，例如平武县的王玺家族墓地就是其中的一处。

一、平武与龙州土司

平武，古氐羌地。在汉代属广汉郡刚氐道，三国蜀汉为江油戍地，改属阴平郡。晋因之，宋、齐俱属梁州北阴平郡。后魏孝武帝置江油郡，西魏废帝二年（553 年）置龙州。隋开皇三年（583 年），郡废，大业初改州为平武郡，义宁初改为龙门郡。

唐贞观元年（627 年）改龙门州，天宝元年（742 年）复曰江油郡，至德二载（757 年）改灵应郡，乾元元年（758 年）改曰龙州，属剑南道，五代因之。宋仍曰龙州江油郡，绍兴五年（1135 年）后复称龙州，属利州路。元亦曰龙州，属广元路。

明洪武六年（1373 年），仍曰龙州，属四川布政司，洪武二十二年（1389 年）改龙州军民千户所，后复为州。宣德七年（1432 年），改为宣抚司，嘉靖四十五年（1566 年），改置龙安府，属四川布政使司。清代因之。

平武筑城始于洪武二十三年（1390 年），由土知州薛继贤将州治从青川迁到今治，周以木栅。到宣德五年（1430 年），土知州薛忠义始筑砖城，从而形成了平武县城的基本格局。自此，平武先后作为龙州、龙安府和平武县的治所一直延续至今。

平武土司的历史开端于南宋宁宗时期，江南扬州府兴化县进士王行俭授龙州判官，在任期间开疆拓土，兴学化夷，创建城垣有功，敕赐世袭，授龙州三寨长官司之职。直到咸淳元年（1265年），薛严被授世袭知州后，整个龙州才进入了土司统治时代。历元至明，龙州一直在薛、王两家土司的统治之下。

洪武二年（1369年），颍川侯傅友德由阴平入蜀，薛文胜、王祥于洪武四年（1371年）率众番夷归附，助运粮储，开设龙州后仍授原职。随后朝廷又将傅友德的一名部将，来自陇西的千户李仁广任命为龙州世袭土司。从此，龙州形成了以薛氏土司为首，薛、王、李三家土司共同治理的局面。

平武见证了龙州土司最辉煌的时刻，宣德二年（1427年），交趾战争爆发，朝廷征调各地卫所军队前往作战，松潘千户钱宏不愿远征，挑拨松潘番人作乱，直到宣德九年（1434年），这场叛乱才平息下来。在平叛过程中，龙州土司因功获赏，升龙州为宣抚司，三土司中升薛忠义为世袭宣抚使、升李爵为世袭副使、升王玺为世袭佥事，各统兵五百，分守龙州三番，同时还造就了龙州的最后一家土司——康氏土司。

龙州土司的衰落始于薛兆乾叛乱事件。嘉靖四十四年（1565年），宣抚薛兆乾因为与副使李番的矛盾，杀了李番父子和佥事王华全家，知事康以忠也因直言进谏被杀，在清除了另外三家土司后，薛兆乾率军反叛。

嘉靖四十五年（1566年），朝廷在平息了薛氏之叛后，随即对龙州土司进行改土归流，将宣抚司衙门改为龙安府，薛氏土司的宣抚司职改降为世袭土知事，王氏土司的土长官司与土通判两支开始相互独立，各自拥有自己的衙门和辖地。朝廷在对几家土司进行重新安置后，还对番地进行了重新划分，并将江油、石泉划入龙安府，加强了政府对这一地区的管理。从此，称雄一方并最终形成割据势力的龙州土司政治体系解体了，由朝廷委派流官进行管理的龙安府政体正式确立。

二、王玺与王玺家族墓地

王玺，字廷璋，生于永乐三年（1405年），卒于景泰三年（1452年），享年48岁。王玺是王思民的庶长子，同时也是平武王氏土司历史上最具影响力的土司，在他的一生中主要完成了三件事情，即征讨番夷、修造报恩寺、营建家族墓地。

王玺于宣德三年（1428年）袭职，时年24岁。此时，松潘叛乱已经开始，王玺与薛忠义、李爵一起奉命征剿，经过连年征战，直到宣德九年（1434年）战火才彻底平息，王玺也因此升为正六品的宣抚司佥事，从而达到了平武王氏土司历史的最高峰。

正统四年（1439年），王玺按照每三年一入贡的惯例首次赴京朝贡。次年，王玺便开始在平武修建报恩寺，历经七载，至正统十一年（1446年）报恩寺建成。报恩寺的建筑，不仅在结构形式和建筑艺术上为研究明代建筑上下承袭关系提供了重要的实物资料，同时也是目前四川省规模最大、中国保存最完整的明代建筑群之一。

王玺之所以能够由庶子袭位，主要是由于嫡子一支人丁凋落，无人继承。根据《土官底簿》的记载，作为王思民嫡长子的王真于永乐三年（1405年）袭职，因无嗣，于永乐二十一年（1423年）传给了王真之弟王智的儿子王宗政，最后才有王玺在宣德三年（1428年）荣奉袭职。

王玺家族墓地前的《龙阳郡节判王氏宗亲墓志》记载，王玺祖父王祥以后的族葬之地是在"长惠山之原"，王玺认为造成其"家室为之迤如、少长为之遭如"的原因是祖坟"山水形壮，气势违和"。于是，在袭位后的次年，即宣德四年（1429年）十月，就邀请来自成都的风水先生李士杰重新择地选穴，最终选定了"古城奉亲山"这个位置，并在宣德五年（1430年）开始修建墓穴，于宣德六年（1431年）将其祖父王祥和祖母明氏、赵氏迁葬于此，这也与王祥墓出土石诏书的内容一致。

从此以后，位于古城乡小坪山的"奉亲山"墓地就成为王氏家族新的族葬之地，一直延续到近代，而在发掘的6座墓中有5座墓的墓主人得以确认，分别为王玺的祖父王祥、王玺、王玺的长子王鉴、王玺的三子王铃，以及王玺的长孙王瀚（王文渊）。

1974年3月，平武县古城乡小坪山农民在整治土地时发现了王玺夫妇合葬墓，同年4～5月，四川省文物管理委员会考古工作队（现为四川省文物考古研究院）与绵阳市及平武县文物部门共同进行了发掘，清理了5座墓葬，1979年1月又清理了王鉴夫妇墓，发掘简报《四川平武明王玺家族墓》刊于《文物》1989年第7期。

两次发掘共出土器物396件，器类主要有金银器、铜器、陶瓷器、玉石器等，器形涉及首饰、配饰、盘、瓶、罐等生活用品和压胜钱、镇墓铜镜、买地券、棺钉、棺环、门环等丧葬用品。在这些生活用品中，如一些金银首饰的造型精美、工艺高超，堪称明代金银器手工业的上乘之作；而出土的瓷器中也不乏民窑瓷器中的精品。尤为难得的是，在这 6 座墓葬中有 5 座墓都有明确的下葬年代，从而使这批材料的学术价值更为显著。

除了随葬品多样、精美外，这批墓葬的墓内装饰同样引人入胜，其中以王玺夫妇墓和王祥夫妇墓的墓内雕刻最为丰富，装饰精美，部分题材继承了四川地区南宋石室墓的传统，同时又出现了明代典型纹样，在宋明墓葬石刻艺术中体现出承上启下的过渡性特征，具有较高的艺术价值和学术价值。

四川地区土司遗产众多，经过发掘的遗址除了王玺家族墓地外，还有 20 世纪 60 年代发掘的平武县薛继贤夫妻合葬墓，以及 2011 ~ 2012 年发掘的宜宾市屏山县平夷长官司衙署遗址和 2015 年发掘的雅安市宝兴县穆坪土司衙署遗址。另外，在凉山彝族自治州的西昌、木里、盐源、甘洛、越西、昭觉、会东、布拖等地还有十余处土司衙门遗址。

随着土司遗产入选《世界遗产名录》，土司考古成为近年来的考古热点，相较于土司城址而言，土司家族墓地多有延绵几百年的历史，为考古学研究提供了颇为难得的年代学标尺，引起了学术界的广泛关注。平武王氏土司作为龙州土司中出现最早、消失最晚的土司家族，他们不仅历经了宋、元、明、清、中华民国等历史时期，还经历了明玉珍的大夏政权、张献忠的大西政权等四川地方政权，同时还与周洪谟、杨慎等四川历史名人有交集，在四川土司历史中具有重要的地位。而它为我们留下的家族墓地、衙署遗址、报恩寺古建筑等土司遗产，是四川文化遗产的重要组成部分。

遗憾的是，王玺家族墓地自 20 世纪 70 年代发掘以后，由于种种原因，受当时条件的限制，仅有一篇简报问世，多数精美文物未能刊发。鉴于此，四川省文物考古研究院、绵阳市博物馆和平武县文物保护管理所共同对王玺家族墓地出土文物进行整理和深入研究，精心挑选部分珍贵文物汇编成册，在展示四川土司遗产的同时，力争既能达成学术同仁的探讨之愿，又能满足文博好友的品鉴之需，以期引起各界对四川土司遗产更多的重视和关心。

墓地远景

墓地近景

壹

·

饰品

金仙宫夜游分心

阔 18.8、高 6.3 厘米

重 116 克

王文渊夫人墓出土 M8 : 2

整体呈山峰形。中部有两柱葡萄，高柯拥接，抱成圆框，一人骑马穿行其间，马前有提灯开路者，有吹笙、起舞者，马后有举扇侍奉者，且圆框左右各有随从十五人，或持扇，或击鼓，或操琴，或弹琵琶，或托物品相随。行列下方为一道栏杆，栏杆下方为朵朵流云，背景为宫殿楼阁，周边均环绕连珠纹。其上有人物四十个，皆是立雕或高浮雕，玲珑剔透，层次分明，给人以纵深的立体感。背面以金箔模压出房屋及四个横置的管状穿孔。

金菩萨凤鸟莲花纹分心

阔 18.4、高 8.5 厘米
重 70 克
M15 : 2

整体呈山峰形，由单层金箔压印而成。上部中间为一自在坐菩萨，菩萨背后有草叶纹，左右各有一脚踩云朵的侍童，身后均有背光。菩萨下方有双凤及莲花，凤鸟外侧为莲花、菊花缠枝纹。正面周边环绕连珠纹。背面有四个横置的管状穿孔。

金菩萨凤鸟莲花纹分心

阔 18.4、高 9.1 厘米
重 90 克
正德七年（1512 年）王文渊夫人
朱氏墓出土 M6：10

整体呈山峰形，由单层金箔压印而成。上部中间为一自在坐菩萨，菩萨两侧各有一朵升云，右肩处有一只鸾鸟，外围有一周火焰状背光，左右两侧分别为童女、童男，身后均有背光。菩萨下方有双凤及莲花，凤鸟外侧为莲花、菊花缠枝纹。正面周边环绕连珠纹。背面有四个横置的管状穿孔。

金文殊满池娇分心

阔 10.6、高 8.5 厘米

重 70 克

王文渊夫人墓出土 M8：1

整体呈"山"字形。正面中部饰一道
栏杆，上部为文殊菩萨自在坐于狮背，
菩萨右肩有一只鸾鸟，左肩置宝瓶插
花，左侧童子双手合十，右侧童女双
手托盘，火焰状背光；栏杆下部为荷
塘纹，共有莲花五朵，荷叶两片，茨菰、
水草若干，即"满池娇"。背后有四
个横穿。

金镶宝菩萨花卉纹分心

阔 10、高 8.9 厘米

重 51 克

M15：3

整体呈山峰形，由上下两层组成。上层压印佛像及纹饰，中间为一菩萨自在坐于莲花座上，菩萨背后有花草纹，左右各有一脚踩云朵的童男童女，三者间共有 9 个石碗，所嵌宝石均已残失，身后均有火焰状背光。菩萨下方为莲花、菊花缠枝纹，底部饰连珠纹；下层为金箔压制成三个佛像背光及底衬，其上焊接石碗。背后有一竖穿。

金镶宝南极老人分心

阔 11.2、高 8 厘米

重 70 克

正德七年（1512 年）王文渊夫人

朱氏墓出土 M6：9

整体呈"山"字形，正面饰围栏，栏后人物分前后两排。后排居中处为南极老人带冠，长须，踞坐，左手持杖，右手置腿上，右侧一鹿引颈回望，南极老人两侧各有弟子一人，三人身后均有火焰状镂空背光，其中南极老人背后有石碗 5 个，两弟子背后各有石碗 3 个，石碗内所嵌宝石均已残失。前排共有侍从十余人，或持物，或拱手。围栏下方有 5 个石碗，所嵌宝石残失。火焰状背光后面顶端各有一竖置的管状穿孔，下部有两个横置的管状穿孔。

金上马出行掩鬓

阔 6.6、高 4.8 厘米

重 48 克

天顺八年（1464 年）王玺夫人

蔡氏墓出土 M5：28

整体呈云朵形。中间一人头戴乌纱帽，
蓄长须，身着圆领长服，骑在马上；
其后一人身着交领服，由两人扶着上
马；其余各人或举物相随。行列下方
为一道栏杆，栏杆下方为流水纹，背
景为宫殿楼阁，顶上有枝叶缠绕。其
上有马三匹，人物十余个，皆为立雕
或高浮雕。背面有以金箔模压出的楼
阁和一个竖置的管状穿孔。

金镶绿松石掩鬓

通高 3.4 ~ 3.6、宽 2.6 ~ 3 厘米

厚 1.3 ~ 1.4 厘米

穿高 1.7、宽 0.5 厘米

重 13.6 克

王鉴夫人墓（M22）出土

四瓣花朵形石碗，内镶绿松石，中部
一朵六瓣金花，金花中间为红宝石，
背后有一长方形穿，穿孔上宽下窄。

金云朵形掩鬓

通长 3.7、宽 3、厚 1 厘米
重 7 克
王鉴夫人墓（M22）出土

云朵形，背后有一穿。

金东方天王云海纹簪

簪头长 3.5、宽 3、通长 16 厘米

重 56 克

王文渊夫人墓出土 M8∶8

簪脚扁平，呈竹叶形，簪头为东方持国天王善跏趺坐于谛听背上，后有荷叶形背光，背光之后为云海纹。

金楼阁人物簪

簪头长 5.5、宽 2、通长 15 厘米
重 24 克
天顺八年（1464 年）王玺夫人
蔡氏墓（M5）出土

簪脚扁平，簪头呈长条形，正面为半
立体双重楼阁，每重均有栏杆，上层
阁顶为卷棚顶，顶上有葡萄枝叶环绕；
下层为歇山顶，栏杆下有草叶。上层
阁内站立三人，中间一人双手扶栏，
两侧二人相向而立；下层阁内中部坐
一人，面前似为棋盘，背后一人手持
长扇，左右分立两人。

金楼阁人物簪

簪头长 5.6、宽 2、通长 14.8 厘米
重 24 克
天顺八年（1464 年）王玺夫人
蔡氏墓出土 M5：26

簪脚扁平，簪头呈长条形，正面为半立体双重楼阁，每重均有栏杆，上层阁顶为卷棚顶，顶上有葡萄枝叶环绕；下层为歇山顶，栏杆下有草叶纹，两侧及下部边缘均饰连珠纹。上层阁内对坐两人；下层阁内中部坐一人，面前似为棋盘，坐者右手置此物上，左右分立两人。

金楼阁人物簪

簪头长 6、宽 1.7、通长 15.5 厘米
重 24 克
天顺八年（1464 年）王玺夫人
蔡氏墓出土 M5：30

簪脚扁平，簪头呈长条形，正面为半
立体双重楼阁，每重均有栏杆，上下
阁顶均为卷棚顶，顶上有葡萄枝叶环
绕，底部有卷草纹。上层阁内对坐两
人；下层阁内似有四人。

金楼阁人物簪

簪头长 5、宽 1.7、通长 14.7 厘米

重 24 克

天顺八年（1464 年）王玺夫人
蔡氏墓（M5）出土

簪脚扁平，簪头呈长条形，正面为半
立体双重楼阁，每重均有栏杆，上下
阁顶均为卷棚顶，顶上有葡萄枝叶环
绕，底部有卷草纹。上层阁内站立两
人；下层阁内中间坐一人，两侧各立
一人。

金圆头簪

长 13.7、宽 0.9 厘米
重 25 克
天顺八年（1464 年）王玺墓出土 M3∶22

簪头为半圆珠形，簪脚扁长，上宽下窄，
中有一道凸棱。正面刻两排缠枝叶纹。
背面阴刻楷书"岁在甲寅仲冬吉日成造
八呈金重六钱半"。

金圆头簪

长 16、宽 1.4 厘米
重 42 克
天顺八年（1464 年）王玺夫人
蔡氏墓出土 M5∶25

簪头为半圆珠形，簪脚扁长，上宽下窄，
中有一道凸棱。背面阴刻楷书"丁卯
年吉日本土金重一两一钱四分成造"。

金瓜头簪

簪头宽 2.7、通长 14.2 厘米

重 26 克

弘治十三年（1500 年）王鉴夫人墓出土

簪头呈瓜形，瓜分五瓣，蒂部有瓜叶相抱，
脐部有卷云纹，瓜身有单排或双排的麻
点戳印纹构成卷草图案。簪脚呈竹叶形，
上宽下窄，正面中部有一道凸棱，背面
阴刻"鉴"字。

金瓜头簪

簪头宽 3、通长 12.5 厘米
重 38 克
王文渊夫人墓出土 M8:3

簪头呈瓜形，瓜分五瓣，瓜蒂在上，中有一圆珠，上下各有三片瓜叶相抱，瓜身有单排的麻点戳印纹构成卷草图案，脐部为圆钱纹。簪脚扁平，两缘微上翘。

银瓜头簪

簪头长 4、宽 3.5、通长 18 厘米
重 44 克
M15:6

簪头呈瓜形，瓜分五瓣，瓜蒂在上，上下各有三片瓜叶相抱，瓜身有单排的麻点戳印纹构成卷草图案，每瓣瓜棱之间的凹槽内饰单排麻点戳印纹。簪脚扁平，上宽下窄，正面中部有一道折棱，截面呈 V 形，两侧有线刻卷云，右侧中部有一小圆穿孔。

金花头簪

簪头直径 3.5、通长 12.7 厘米
重 102 克
天顺八年（1464 年）王玺夫人墓
出土

伞形。簪头呈菊花形，顶为花心，
外围有三重圆角长条形花瓣。圆锥
形簪脚。

金花头簪

簪头直径 3.5、通长 12.8 厘米
重 102 克
天顺八年（1464 年）王玺夫人墓
出土

伞形。簪头呈菊花形，顶为花心，
外围有三重圆角长条形花瓣。圆锥
形簪脚。

银花头簪

簪头直径 3.4、通长 12 厘米

重 31 克

M15：9

伞形。簪头呈菊花形，花心有一周
连珠纹，外围有七重细密花瓣。圆
锥形簪脚。

银花头簪

簪头直径 3.7、通长 13 厘米

重 40 克

伞形。簪头呈菊花形，花心有一周连
珠纹，外围有两重圆角长条形花瓣，
每个花瓣外围都有一周连珠纹。圆锥
形簪脚。

银鎏金花头簪

簪头直径 2.2、通长 12.3 厘米
重 32 克

伞形。簪头呈花叶形，花心有一周连
珠纹，连珠纹外侧为两周花叶。圆锥
形簪脚。

银鎏金花头簪

簪头直径 2.4、通长 12 厘米
重 33 克

伞形。簪头呈花叶形，花心处有两瓣
对称花蕊，外围有一周连珠纹，连珠
纹外侧为两周花叶。圆锥形簪脚。

银鎏金花头簪

簪头直径 3.2、残高 1.4 厘米
重 23 克

伞形，簪脚残失。花心分为三瓣，外围
有一周连珠纹，连珠纹外侧有三重花瓣，
花瓣中部有一凸棱，花瓣周围饰连珠纹。

金花头簪

簪头直径 3.2、残高 1.8 厘米
重 19.5 克

伞形，簪脚残失。簪头呈尖瓣菊花形，
花心为圆球状花蕊，外有一周连珠纹，
连珠纹外有三重尖角状花瓣，大花瓣根
部各附一个小花瓣，花瓣尖端上翘，上
有划纹。

金镶宝花头簪

簪头直径 1.8、管径 0.36、残长 3.5 厘米
重 5 克
M13：14

伞形。簪头呈尖瓣菊花形，花心嵌淡红
色宝石一颗。簪脚上段呈空心圆管状，
下段残失。

银花头簪

簪头直径 3、通长 13 厘米
重 38 克

伞形。簪头呈尖瓣菊花形，花心处有
五瓣花蕊，外围有大小相间的六重尖
状花瓣，花瓣尖端上翘，较大的花瓣
上有竖向划纹。圆锥形簪脚。

银花头簪

簪头直径 1.7、通长 12 厘米
重 23 克

簪头为盘状，上有花蕊，圆锥状簪脚。

金镶宝花头簪

簪头直径 0.8、通长 9.7 厘米
重 11 克
M14：4

簪头为一朵小花，花心嵌淡黄色宝石
一颗。花下为细圆颈，上有螺状纹，
颈下段呈六棱形，渐成圆锥形。

银花头簪

簪头直径 0.8、通长 12.8 厘米

重 11 克

正德七年（1512 年）王文渊夫人

朱氏墓出土 M6：8

略残。簪头为一朵小花，上下呈仰覆
莲状，花下为细圆颈，上有螺状纹，
颈下段呈六棱形，渐成圆锥形。

银方头簪

簪头边长 1、通长 9.4 厘米

重 10 克

正德七年（1512 年）王铨墓出土

M19：1

簪头为方形，断面呈梯形，下为细圆
颈，上有螺状纹，颈下段呈六棱形，
渐成圆锥形。

金包玉镂空簪

簪头边长1、簪身边长0.8、通高
11厘米
金片长2.5厘米
重10克

簪头为方形、平顶，簪脚为长方形，
内为空心圆形，通体镂空圆钱纹，下
部包金片，底端呈尖状。

金包玉镂空簪

玉簪

簪头直径 0.1、簪脚直径 0.8、通长
10 厘米
重 12 克

白玉，簪头呈蘑菇头状，簪脚为圆锥
形，断为三截。

金葫芦耳坠（一对）

葫芦高 3.5、通高 4.5 厘米

重 18 克

天顺八年（1464 年）王玺夫人

田氏墓出土 M1：17、18

摺丝葫芦形。近弯脚处有一周连珠纹，
下为两层瓜叶，上层瓜叶上缀四圆珠，
下层瓜叶分四片抱瓜，亚腰处有一周
金珠，下有八瓣金叶托底。

金镶宝葫芦耳坠（一对）

葫芦高 2.7、4.1 厘米
通高 3.8、5.1 厘米
重 17、21 克

摺丝葫芦形。弯脚根部有七周螺纹，
下为两层瓜叶，每层瓜叶上都有四
个石碗，下层瓜叶分四片抱瓜，亚
腰处有一周金珠，下为圆钱纹托底。
石碗中宝石均残失。左侧耳坠葫芦
下部残失。

金葫芦耳坠

葫芦高 2.7、通高 3.5 厘米
重 15 克

摺丝葫芦形。近弯脚处有四周螺纹，
下为两层瓜叶，上层瓜叶较小，下层
瓜叶分四片抱瓜，亚腰处有一周金珠，
下有金叶托底。

金葫芦耳坠

葫芦高 3、通高 4 厘米
重 11 克
天顺八年（1464 年）王玺夫人
曹氏墓出土 M4：22

葫芦形。瓜面光素，上有三片瓜叶下
垂抱瓜。亚腰处有一周金珠，下有花
瓣托底。

金葫芦耳坠

葫芦高 2.7、通高 3.4 厘米
重 11 克
天顺八年（1464 年）王玺夫人
曹氏墓出土 M4：23

葫芦形。瓜身八棱，上有两层瓜叶，
各缀四个圆珠，下层瓜叶分四片抱瓜，
亚腰处有一周金珠，下有圆钱纹托底。

金葫芦耳坠（一对）

葫芦高 2.5、通高 3.5 厘米
重 7.5 克
弘治十三年（1500 年）王鉴夫人
朱氏墓出土 M21∶5、6

葫芦形。瓜身八棱，瓜蒂处上有瓜叶
上翻，瓜叶上錾刻纹饰，下有八片小
瓜叶抱瓜，亚腰处有上下各八片小瓜
叶抱瓜，下有两层瓜叶托底。

金镶宝耳坠（一对）

勾脚径 0.2、通高 4、4.3 厘米

重 5、6 克

M13：9、10

六瓣三重花朵形，最上层石碗中的宝
石已残失。

金卧狮戒指（一对）

戒面长径 1.7、1.8 厘米
短径 1.2、1.3、环径 2.2 厘米
重 10、11 克
正德七年（1512 年）王文渊夫人
朱氏墓出土 M6：1、6

椭圆形戒托，卧狮形戒面，狮头上一
发辫从背中部直穿到尾部，托周饰连
珠纹，托底饰镂空圆钱纹，指环根部
饰云纹。

金鸳鸯戒指（一对）

戒面长径 1.6、短径 1.2、1.3 厘米
环径 2.1 厘米
重 10 克
正德七年（1512 年）王文渊夫人
朱氏墓出土 M6：2、3

椭圆形戒托，鸳鸯形戒面，鸳鸯为抱
翅回首，托周饰连珠纹，托底饰镂空
圆钱纹，指环根部饰云纹。

金鸳鸯戒指（一对）

金镶宝戒指

戒面长径 1.6、短径 1.4 厘米

环径 2.2 厘米

重 10.6 克

弘治十三年（1500 年）王鉴夫人

朱氏墓出土 M21：9

椭圆形戒托，戒面镶嵌紫红宝石，托周饰两周绳纹和两周连珠纹，指环根部饰卷云纹。

金镶宝戒指

戒面长 1.7、宽 1.1、环径 2.2 厘米

重 8.6 克

天顺八年（1464 年）王玺夫人墓出土

长方形戒托，戒面镶嵌宝石，托周饰两周连珠纹，指环根部饰卷云纹。

金镶蓝宝石戒指

戒面长径 1.9、短径 1.4 厘米
环径 2.3 厘米
重 14 克
弘治十三年（1500 年）王鉴夫人
朱氏墓（M21）出土

椭圆形戒托，戒面镶嵌蓝宝石，托周
饰五层纹饰，自上而下依次为线纹、
绳纹、绳纹、连珠纹、竹节纹，指环
根部饰卷云纹。

银葫芦戒指

戒面长径 1.3、环径 2.2 厘米
重 6 克
M12：1

葫芦形戒面，托周饰连珠纹和绳纹，
指环根部饰云纹。

银瓜形戒指

戒面直径 1.2、环径 1.9 厘米
重 5 克
M12：2

圆形戒托，三棱瓜形戒面，瓜棱之间
饰单排连珠纹，瓜蒂、瓜脐处饰有瓜
叶，托周饰三周绳纹和一周连珠纹，
指环上刻有卷草纹。

玉扳指

外径 3.2、宽 2.6、孔径 2.1 厘米

翡翠，圆筒形。前端抹角，底端平齐。

玉扳指

外径 3.5、宽 1.3 ~ 2.1、孔径 2.8 厘米
M14：3

翡翠，椭圆形，面部凸起。

金连珠镯

M2：14，直径 7、珠径 1、
镯头长 1.5 厘米，重 250 克
M2：15，直径 7、珠径 1、
镯头长 1.7 厘米，重 250 克
成化十八年（1482 年）王玺夫人
贾氏墓出土 M2：14、15

整体呈 C 形，镯身为金珠相连，镯头
为六边形。M2：14，镯身为 21 颗金珠
相连，镯头除内侧一面光素外，其余
五面内均刻 Y 形纹，镯头顶端两面均
为素面。M2：15，镯身为 19 颗金珠相
连，镯头内侧一面分别阴刻楷书"能
造""赤金"，其余五面内均刻斜菱格，
菱格内饰圆圈纹，镯头顶端两面各饰
七个圆圈。

银连珠镯

M8：12，镯身长径 6.5、短径 7.5、
珠径 0.9、镯头长 1.3 厘米，重 108 克
M8：13，镯身长径 6.7、短径 8、珠径 1、
镯头长 1.2 厘米，重 110 克
王文渊夫人墓出土 M8：12、13

整体呈 C 形，镯身为 20 颗金珠相连，
镯头为六边形，除内侧一面光素外，其
余五面均刻花草纹，镯头顶端两面各有
一圆点。

银缠钏

直径 6.5、通长 14 厘米

圆形，镯身扁平。

金累丝灯笼佩饰

灯笼高 4、直径 1.8、通长 35 厘米
重 56 克
天顺八年（1464 年）王玺夫人
蔡氏墓出土 M5：39

套链顶端为一圆环，下端接一镂空圆
球，圆球由六组圆钱纹构成，中间四
组并列分布，每个圆钱纹中部各接一
链坠，链坠分两节，中部为犀角、金锭，
下端为喇叭形铃铛；圆球下接一短链，
短链分两根，各接一累丝圆筒形灯笼，
灯笼顶部为花瓣，笼身装饰分三部分，
上部为一对凤鸟，中部为缠枝卷草，
下部为圆钱纹。

金鸳鸯佩饰

通长 28 厘米
重 76 克
弘治十三年（1500 年）王鉴夫人
朱氏墓出土 M21：6

上部金链由两排圆珠构成，下接一莲
花座，座上背向而立两只鸳鸯，鸳鸯
嘴内各衔一链，左右两链装饰相同，
均分为三层，上层为一朵卷云，卷云
两端各接一短链，链下各坠一喇叭形
铃铛；中层为一枚铜钱，铜钱两侧各
接一短链，链下各坠一圆形铃铛；下
层为一枚金锭，金锭两端各接一短链，
链下各坠一莲花，金锭中部接一短链，
链下坠一悬鱼。

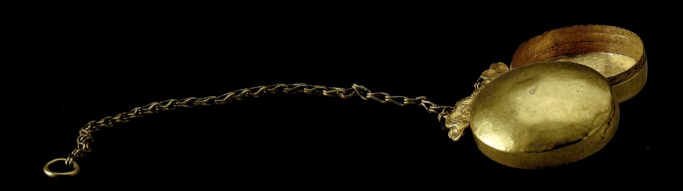

金链盒

盒径 5、带盖通高 3、链长 25 厘米

重 88 克

弘治十三年（1500 年）王鉴夫人

朱氏墓出土 M21：7

由金链、盒盖、盒身三部分组成，通
体素面。盒呈圆形，盖面和盒底微凸，
盒身为子口，盖和身上部各有一草叶
纹，上有一穿，穿上接短链，两短链
顶端有一圆环，环上接长链。

金镶玉佩饰

直径 4.5 厘米

重 35 克

天顺八年（1464 年）王玺夫人
蔡氏墓出土 M5：38

整体呈圆形，背部为银质圆板，鎏金，
正面镶嵌玉璧，玉璧中心有一朵梅花，
花周阴刻篆书"永保平安"。

双鱼玉佩

长径 7.6、短径 5.3、最厚 1.6 厘米
重 87 克

白玉。椭圆形，双鱼一大一小呈交尾
状，头有须，背有鳍。

玉璧

直径 5.3、孔径 0.8、厚 0.5 厘米
重 34 克

整体呈圆形，一面刻八宝纹中的盘肠
结、犀角，两侧有绶带，另一面刻草
叶纹。

玉环

环径 5、孔径 3.5、厚 0.6 厘米

圆形，素面。

玉扣饰

直径 4.9、厚 0.8 厘米

花瓣形，正面中间线刻一朵梅花，
外侧顺时针线刻六枝花叶，背面有
两个扣眼。

玉六棱珠

直径 2.5 厘米

M13:7

六棱，中有一圆穿。

绿松石珠

直径 1.3、高 0.75 厘米

圆形，中有穿孔。

珠饰

玛瑙珠径 1.1、水晶珠径
0.7 厘米

圆形，中有穿。中间一颗
为红玛瑙，余为水晶。

金铃形坠饰

通高 1.7、通宽 1.5、厚 0.7 厘米
重 2.2 克

铃形，由两个金片扣合而成，上部
有一穿孔。

金珠形坠饰

通高 1.3 ~ 1.4、球径 0.8 厘米
重 1 克

圆珠形，上有系，素面。

红玛瑙坠

坠长 3.1、宽 1.1、环径 1.1 厘米
重 5.2 克

玛瑙呈菱形，金丝从中部亚腰处系
起，上有圆环。

金云托月纽扣

通宽 3.4 ~ 3.7、高 1.8 ~ 1.9、
扣径 1.6 ~ 1.7 厘米
重 6、9 克
弘治十三年（1500 年）王鉴夫人
朱氏墓（M21）出土

云托月形，卷云形纽，圆月形扣，圆
外有一周连珠纹，外侧卷云有两个圆
形穿孔。

银云托月纽扣

通宽 3.3、高 1.8、扣径 1.5 厘米

重 3 克

王文渊夫人墓出土 M8：14

云托月形，卷云形纽，圆月形扣，圆
外有一周连珠纹，外侧卷云有两个圆
形穿孔。

金蝶赶菊纽扣

通宽 4、高 1.8 厘米
重 6 ~ 8.5 克
弘治十三年（1500 年）王鉴夫人
朱氏墓（M21）出土

蝶赶菊形，蝴蝶形纽，菊花形扣，花
心外侧有两重花瓣，蝴蝶尾部有四个
圆形穿孔。

银双鱼戏月纽扣

鱼长 3.4、扣径 2.5 厘米

重 6 克

M12∶14

双鱼形纽，圆形扣，鱼头向上，鱼身
外侧各有两系，扣外有一周螺纹。

银双童纽扣

通长 3.5、高 2.4 厘米

重 6 克

弘治十三年（1500 年）王鉴墓（M20）
出土

纽为双童子，身外侧各有两系，扣外
有一周螺纹。

玉饰

长径 1.4、短径 1 厘米

白玉。桃形，扁平状。

金花形饰

径 3.4 ~ 3.5 厘米
重 3.5 ~ 4.7 克

整体呈葵花形，花分 16 瓣，上有一圆，
圆内为花卉纹，其上有小圆形穿孔。

金梅花形饰

通宽 1.1、厚 0.2 厘米
重 0.3 克

扁平状，五瓣梅花形，中为花心，花
心周围有 5 个小圆形穿孔。

金梅花形饰

通宽 1.1、厚 0.2 厘米
重 0.3 克

金"山"字形饰

通宽 4、高 3.2、厚 0.4 厘米
重 6.3、6.9 克

整体呈"山"字形，由金箔压制成花
卉纹，其上有 20 个小圆形穿孔。

金卷云形饰

通长 8.5、宽 1 厘米
重 4 克
王鉴夫人墓（M22）出土

条状，由金片打制而成，其上有 26
个小圆形穿孔。

金麒麟带铐

通长 10、宽 5.4 厘米

重 61 克

弘治十三年（1500 年）王鉴墓出土

M20：1

整体略呈圭形。一侧有两穿孔，底部
镂刻缠枝花，中部有一麒麟，抬头向
前迈步，左前蹄抬起，前方有一簇草叶。

金麒麟桃形带铐（两件）

通高 5.3、通宽 4.8 ~ 5、厚 0.7 厘米

重 18.7、14.4 克

弘治十三年（1500 年）王鉴墓出

土 M20:1

桃形。底部镂刻缠枝花纹，中部有一

麒麟，踞地而坐。

金镶宝带銙

通长 7.6、宽 6.5、厚 0.7 厘米

重 60 克

正德七年（1512 年）王文渊墓出土 M7∶3

长方形。正面共有 9 个石碗，一大八小，宝石多残，大碗为双层花瓣，小碗为单层花瓣，底部镂空缠枝卷草纹，框内一周和框外长边两侧饰单排连珠纹，背面四角有弯钩。

金镶宝带銙

金镶宝桃形带铐（两件）

通宽 6.2、高 6.2、厚 0.7 厘米

重 35 克

正德七年（1512 年）王文渊墓出
土 M7：3

桃形。正面中间有一个石碗，周围有
六个石碗，底部镂空缠枝卷草纹，框
周饰连珠纹，背面有三个弯钩。

金镶宝带銙

长 6.4、宽 3.7、厚 0.6 厘米

重 25 克

正德七年（1512 年）王文渊墓出
土 M7：3

长方形。正面有三个石碗，中间为蓝
宝石，两侧为红宝石，石碗下为莲花
座，底部镂空缠枝花，框周饰单排连
珠纹，背面四角有弯钩。

金镶宝带铐

通宽 10、高 6.4、厚 1 厘米

背扣长 6.2、宽 0.6 厘米

重 25 克

正德七年（1512 年）王文渊墓出
土 M7：3

整体略呈圭形。正面有九个石碗，中
间较大石碗内嵌蓝宝石，底座为二层
莲花瓣形，四角位置的石碗底座为单
层花瓣，其余四个为菊花底座。右侧
有两个石碗，内嵌宝石，底座为单层
九瓣花朵。背面焊接一长条形背扣，
中部饰镂空方胜纹和圆钱纹。

金镶宝腰带

正德七年（1512年）王文渊墓出
土 M7：3

仅残存带銙，共有銙二十方，金质，
镶宝。以肘为界，前有十一：中间三
方称为"三台"，一大两小，小者一
对即谓"左辅右弼"，三台两边各为
三枚桃形銙，即所谓"南斗六星"，
桃形銙外接一对辅弼，以上为前之
十一銙。与辅弼相接者为插向两侧的
铊尾一对，铊尾多为圭形，肘后侧为
大小一致的七方，称为"北斗七星"。

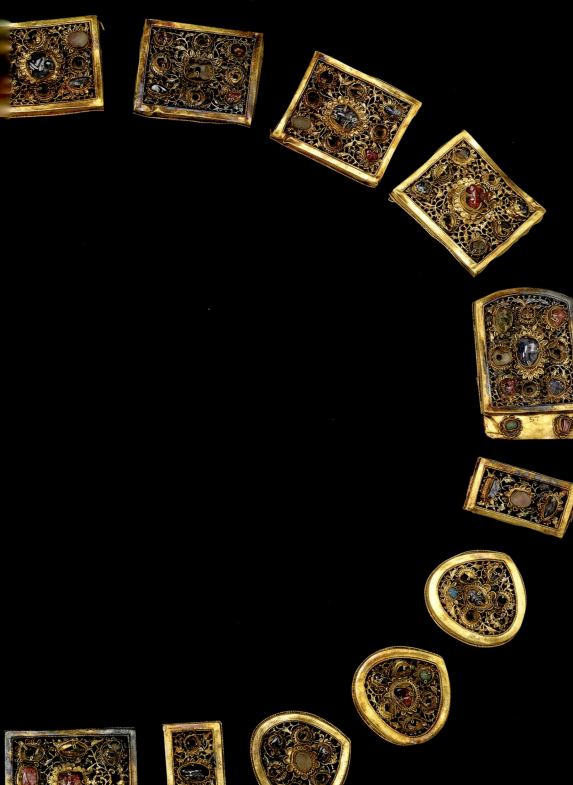

青玉桃形带铃

通长 3.3、宽 2.7、厚 1 厘米
重 18 克
M14：8

桃形。背后有三组圆穿，每组两个，
底部相通。

青玉带铃

长 2.6、宽 1.5、厚 1 厘米
重 10 克
M14：8

长方形。背后有两组穿孔，每组两个，
底部相通。

青玉带銙

长 7.6、宽 2.6、厚 1 厘米
重 57 克
M14：8

长方形。背后有四组穿孔，每组两个，
底部相通。

青玉带銙

长 7.6、宽 2.6、厚 1 厘关
重 57 克
M14：8

圭形。背后有四组穿孔，每组两个，
底部相通。

青玉腰带

M14：8

仅残存带銙，共有銙二十方。青玉质。

贰
·
葬器

青花松兰纹杯

口径 7.5、底径 3、高 4 厘米

侈口、斜腹、矮圈足。内底为一朵菊花，外壁上层为一周杂宝纹，下层为松树和兰草。

青花松竹梅纹托盘

口径 18、底径 10.8、高 2.5 厘米

敞口、浅腹、矮圈足。盘心为一朵菊花，两侧为竹、松、梅纹，外壁为三折枝莲花。

青花折枝菊纹盘

口径 16.6、底径 8.5、高 3.5 厘米

敞口、浅腹、矮圈足。口沿内饰一周
回纹，内底为一束折枝菊花，外壁饰
连续缠枝花卉。

青釉瓷盘

口径 14.2、底径 10、高 2.5 厘米

敞口、浅腹、凹圜底。

青釉瓷盘

口径 14.3、底径 10.4、高 2.5 厘米

敞口、浅腹、凹圜底。通体施釉，内
底有三个黑点状支烧痕迹。

青釉瓷盘

口径 11.8、底径 9、高 2.4 厘米

敞口、浅腹、凹圜底。通体施釉。

青釉瓷盏

口径 14、底径 8.2、高 4 厘米

敞口、浅腹、矮圈足。内壁饰一
周缠枝花卉暗纹。

青釉瓷盏

口径 13.5、底径 8、高 3.9 厘米

敞口、浅腹、矮圈足。内壁饰一
周缠枝花卉暗纹。

青釉瓷盏

口径 12.1、底径 7.3、高 3.6 厘米

敞口、浅腹、矮圈足。内壁饰一周缠
枝花卉暗纹。

陶盏

口径 12.6、底径 6.7、高 6.9 厘米

泥质灰陶。敞口、宽沿、直腹、矮柄、
平底。

青花海水蕉叶纹碗

口径 14、底径 5.3、高 7 厘米

正德七年（1512 年）王文渊夫人

朱氏墓出土 M6∶16

敞口、深腹、矮圈足较直。内底为一
朵莲花，口外饰一周海水纹，下腹部
为一周焦叶纹。

青釉瓷碗

口径 17、底径 6、高 7.5 厘米
宣德六年（1431 年）王祥墓
（M10）出土

敞口、弧腹、矮圈足较直。内壁
下部饰花卉暗纹。

青釉瓷碗

青釉瓷碗

口径 17、底径 6.2、高 7.1 厘米
宣德六年（1431 年）王祥墓
（M10）出土

敞口、弧腹、矮圈足较直。

黑釉瓷碗

口径 9.8、底径 5.3、高 4.5 厘米

敞口、深腹、圈足。

青花莲池纹盒

口径 16、底径 9.4、高 10 厘米

天顺八年（1464 年）王玺夫人

蔡氏墓出土 M5：17

直口、宽沿、直腹、矮圈足。腹部有
一周凸棱，凸棱上部饰卷云纹，下部
饰莲池纹。

青釉八卦纹三足炉

口径 29、底径 25.8、高 15.5 厘米

敞口、平沿、斜腹、平底、三矮足。通
体施青釉，腹部有两道凸弦纹，弦纹之
间模印八卦纹。

青釉八卦纹三足炉

口径 28.3、底径 24.5、高 17 厘米

敞口、平沿、斜腹、平底、三矮足。
通体施青釉，腹部有两道凸弦纹，弦
纹之间模印八卦纹。

黑陶三足炉

口径 14、高 11.8 厘米
天顺八年（1464 年）王玺夫人
曹氏墓（M4）出土

鼎形。直口、浅腹、圜底、三棱形足。
口部外侧有一周凸棱，肩部有一周戳
印花卉纹。

红陶三足炉

口径 13.5、通高 17.3 厘米
天顺八年（1464 年）王玺夫人
蔡氏墓（M5）出土

鼎形。直口、高领、鼓腹、圜底。
双 S 形舌状附耳，领部饰两周乳
丁纹，腹部贴塑三个兽面纹，三
足为龙首吐舌状。

青釉瓷爵

口部长径 14.3、短径 7.5、通高
10.5 厘米

伞状柱，一足断。

绿釉执壶

口径 6、底径 4、通高 12.8 厘米

敞口、宽流、长颈、半环形柄。底部微凹，有四个支钉痕迹。

青釉双耳方瓶

口部边长 4.2、底部长 5.1、
宽 4.9、通高 19 厘米
天顺八年（1464 年）王玺夫人
蔡氏墓出土 M5：21

整体为方形，盘口、细颈、上腹微鼓、
下腹弧收、圈足。双兽首形耳，肩上
有一周凸棱。

青釉双耳方瓶

口部边长 4、底部长 4.8、
宽 4.6、通高 19 厘米
天顺八年（1464 年）王玺夫人
蔡氏墓出土 M5∶20

整体为方形，盘口残损，细颈、溜肩、
上腹微鼓、下腹弧收、圈足。双兽首
形耳，肩上有一周凸棱。

绿釉梅瓶

口径 10.5、底径 12、高 27.3 厘米

直口、矮领、圆肩、下腹斜收近直、
圈足。

绿釉梅瓶

口径 10.1、底径 12.5、高 27.6 厘米

直口、矮领、圆肩、下腹斜收近直、圈足。

绿釉八卦方耳瓶

口径 8.5、底径 9.4、高 25 厘米
宣德六年（1431 年）王祥夫人
赵氏墓出土 M11：10

侈口、长束颈、折肩、直腹、喇叭形
高圈足。颈部有对称长方形耳，腹部
模印八卦纹。

绿釉八卦方耳瓶

口径 8.5、底径 9.5、高 27 厘米
宣德六年（1431 年）王祥夫人
赵氏墓出土 M11：6

侈口、长束颈、折肩、直腹、喇叭形
高圈足。颈部有对称长方形耳，腹部
模印八卦纹。

灰陶双耳瓶

口径 4.5、底径 6、高 17 厘米
天顺八年（1464 年）王玺夫人
蔡氏墓出土 M5：22

侈口、宽沿、细长束颈、溜肩、圆鼓
腹下收、喇叭形圈足。颈部有对称兽
形耳，器身贴金，大多已剥落，双耳
涂朱。

灰陶瓶

口径 6.7、底径 8.8、高 16 厘米

敞口、束颈、深腹、塔形平底、假圈足。
腹部饰三道弦纹。

灰陶瓶

口径 6.7、底径 8.8、高 16 厘米

灰陶瓶

口径 6.7、底径 9.4、高 16 厘米

敞口、束颈、深腹、塔形平底、假圈足。
通体素面。塔座上层为莲瓣形。

青釉盖罐

器盖口径 20.5、器身口径 16、底
径 17、高 24.8 厘米，通高 32 厘米
天顺八年（1464 年）王玺夫人田氏
墓出土 M1：1

钹形盖，宝珠纽。器身侈口、圆唇、
矮领、鼓腹、平底。通体素面。

青釉盖罐

器盖口径 19.5、器身口径 15、底
径 16、高 28 厘米，通高 35.5 厘米
成化十八年（1482 年）王玺夫人
贾氏墓出土 M2∶1

钺形盖，宝珠纽。器身侈口、圆唇、
矮领、鼓腹、平底。通体素面。

绿釉瓷罐

口径 17、底径 14、高 28 厘米
天顺八年（1464 年）王玺夫人
曹氏墓出土 M4 : 1

直口、鼓肩、鼓腹下收、小平底。通体素面。

黑釉瓷罐

口径 12、底径 8.5、高 14.3 厘米

直口、鼓肩、鼓腹下收、小平底。通
体素面。

红绿彩四季花卉纹梅瓶

器盖口径 10、器身口径 6、底径 10、高 26.5 厘米，通高 31 厘米

天顺八年（1464 年）王玺夫人蔡氏墓出土 M5：1

铃形盖，宝珠纽，盖内中心有管状子口。器身为侈口、圆唇、短颈、溜肩、深鼓腹下收、平底。釉下勾勒花卉纹，釉上饰以红、绿二彩。内壁有一周凸棱，器身为拼接而成。纽下盖面饰覆莲瓣，盖身饰缠枝花纹，瓶肩亦饰覆莲瓣，腹部由莲池、宝相花、月季、牡丹构成四季花卉纹，近底处饰一周"寿山福海"纹。

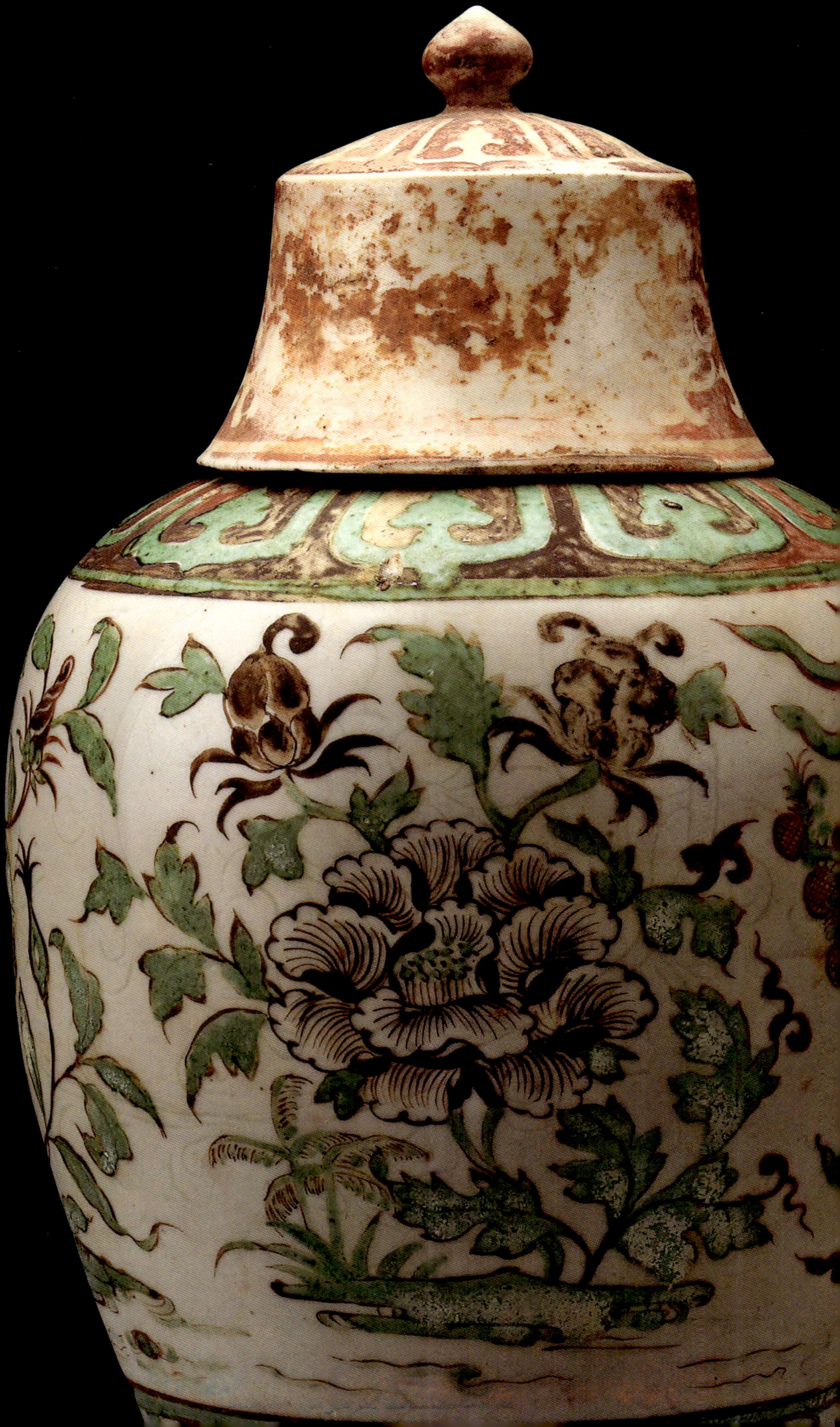

红绿彩四季花卉纹梅瓶

器盖口径 10、器身口径 6、底径
10、高 26.5 厘米，通高 31 厘米
天顺八年（1464 年）王玺夫人蔡氏
墓出土 M5：2

铃形盖，宝珠纽，盖内中心有管状子
口。器身为侈口、圆唇、短颈、溜肩、
深鼓腹下收、平底。釉下勾勒花卉纹，
釉上饰以红、绿二彩。内壁有一周凸棱，
器身为拼接而成。纽下盖面饰覆莲瓣，
盖身饰缠枝花纹，瓶肩亦饰覆莲瓣，
腹部由莲池、菊花、宝相花、茶花构
成四季花卉纹，近底处饰一周"寿山
福海"纹。

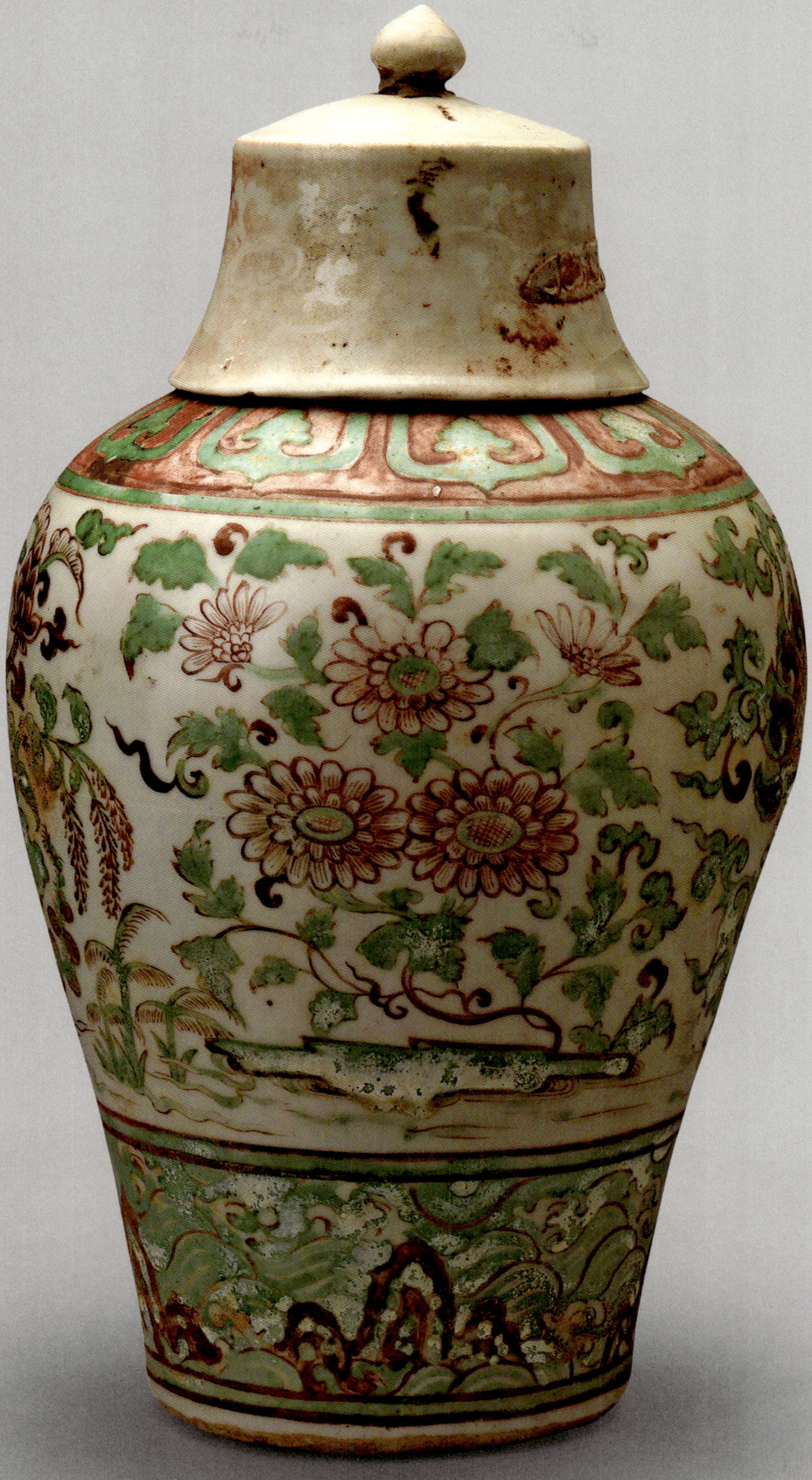

白底黑花高士图荷叶盖罐

器盖口径 23.8、器身口径 19.5、底径
14.5、高 30 厘米，通高 40 厘米
天顺八年（1464 年）王玺墓出土 M3∶1

钹形盖，宝珠纽，荷叶边。器身为侈口、圆
唇、矮领、鼓腹、平底。盖饰莲瓣、云气及
花草纹，罐身肩部饰锯齿纹，腹部为三组桃
形纹饰，一为高士礼仙图，一为花卉，一为
瓜果。近底部饰波浪纹。

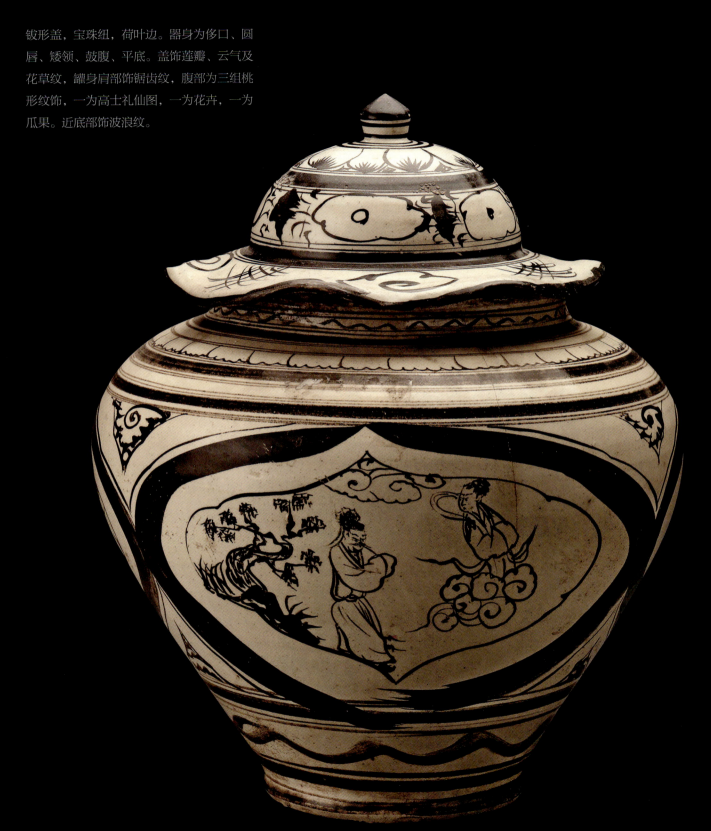

红绿彩缠枝莲池纹盖罐

器盖口径 21.4、器身口径 16、底径
14、高 28 厘米，通高 32 厘米
天顺八年（1464 年）王玺墓出土 M3：2

钵形盖，下有圈状子口，纽已残。器身直口、
圆唇、短颈、溜肩、鼓腹下收、平底。全
器内外施白釉，器外釉满布裂纹，釉上以红、
绿二色彩饰。盖纽下饰两层覆莲瓣，盖沿
饰缠枝花，颈部饰连续圆钱纹，肩部饰覆
莲瓣，腹部饰六朵莲花，下腹部饰仰莲瓣，
近底部饰波纹带及弦纹各一周。

青釉侍俑

底座高 3.7、通高 15.7 厘米
天顺八年（1464 年）王玺夫人
蔡氏墓出土 M5：18

头束双髻，身着圆领束袖长裙，腰束带。双手托香炉置于胸前，立于六边形座上。头发、眼睛、腰带、鞋子为青花。

青釉侍俑

底座高 3.5、通高 15.5 厘米
天顺八年（1464 年）王玺夫人
蔡氏墓出土 M5：19

头束双髻，身着圆领束袖长裙，腰束
带。双手托香炉置于胸前，立于六边
形座上。头发、眼睛、腰带、鞋子为
青花。

绿釉狮形烛台

烛台口径 6.5、底座高 5.5、
通高 21.5 厘米
正德七年（1512 年）王文渊夫人
朱氏墓出土 M6：19

狮子立于方座上，座为兽足矮几，狮
颈下有铃铛，狮眼、口微张，鬃毛翘卷，
尾残。狮身有一鞍，鞍上置一敞口、
弧壁、高足烛台。

绿釉狮形烛台

烛台口径 6.5、底座高 5.3、通高
21.5 厘米

正德七年（1512 年）王文渊夫人
朱氏墓出土 M6：18

狮子立于方座上，座为兽足矮几，狮
颈下有铃铛，狮眼、口微张，鬃毛翘卷，
尾上翘。狮身有一鞍，鞍上置一敞口、
弧壁、高足烛台。

铜三足炉

口径 9、通高 11 厘米

鼎形。宽折沿、束颈、圆腹、平底。
上有两半圆形立耳，下有三兽状足。
外底有款，方框内有阳文"大明宣
德年制"。

铜三足炉

口径 12、底径 10.2、通高 10.5 厘米

M13：3

瓮形。直口、深腹、平底、三矮足。素面。

铜三足炉

口径 17、通高 21 厘米

天顺八年（1464 年）王玺墓出土 M3∶18

鼎形，二足残。直口、宽折沿、方形立耳、直腹、平底、柱状足。上腹饰两道弦纹，弦纹之间饰一周乳丁纹。

铜觚（两件）

口径 16.5、底径 12、高 31 厘米
天顺八年（1464 年）王玺墓（M3）出土

喇叭口，细颈。器身饰四道双线弦纹，中
间饰两道凸弦纹。

铜细颈瓶（两件）

口径 2.4、底径 4.4、高 16.5 厘米
正德七年（1512 年）王铨墓出土
M19：3、5

侈口、细长颈、溜肩、垂腹、圈足。
通体素面。

铜贯耳瓶

口径 3.5、足径 6.8、高 17.6 厘米
M13：5

小直口、细长颈、两贯耳、斜肩、鼓腹、
喇叭形圈足。

八卦十二生肖镜

直径 28、厚 0.6 厘米
天顺八年（1464 年）王玺夫人
蔡氏墓出土 M5：24

圆形，龟形纽。镜面呈四周同心圆形，由内向外依次为卦名、卦象、十二生肖、铭文"水银是阴精，百炼得此镜，八卦气象福，卫神永保命"。

素面镜

直径 27、纽径 1.8 厘米

圆形，圆形纽。外缘上翻，内有一道
弦纹。

"富贵双全"铭文镜

直径 14、厚 0.5、纽长 1 厘米

圆形，桥形纽。"富贵双全"为反书，
方框内竖写"协春号"。

神兽葡萄镜

直径 8.5、厚 0.7、纽径 1 厘米
天顺八年（1464 年）王玺夫人田氏
墓出土 M1：16

圆形，圆形纽。内区为六只神兽，外
区为凹弦纹。

湖州镜

直径 20、纽长径 1.5、纽短径 1 厘米

圆形，锭形纽。纽左侧一仙人端坐，纽
右侧竹下立一童子。天上仙鹤飞翔，岸
上灵龟爬行。竹枝旁长方框内有铭文"湖
州府仪凤桥南孙家造"。

铜锭（两件）

长 8.6、宽 6.2、厚 1.4、1.5 厘米
垭口长 4.8、腰宽 2.5 ~ 2.7 厘米
重 340 克

锭形，亚腰，素面。

金龙

通长 13 厘米，重 7 克

M14：21

三爪，双翼，身披鳞，翼上有 3 个一组的戳印纹，尾部亦有戳印纹。

金龙

通长 8.8 厘米，重 3 克

M12：17

三爪，无翼，张口。

金压胜钱

直径 3.6 厘米，重 3 克

M14：14

由金箔压制而成，方形穿，宽沿，肉有双弧纹及 4 个小圆孔。

金钱

直径 2、厚 0.1 厘米，重 1.5 克

环书"长命富贵"，圆孔中间为圆钱纹。

金耳挖

通长 8.8 厘米，重 12 克
弘治十三年（1500 年）王鉴夫人
朱氏墓（M21）出土

半圆勺，螺纹细颈，颈下为三连珠，
六棱形尖锥柄。

金耳挖

通长 10.7 厘米，重 10 克

长舌形勺，颈部为三连珠，四棱形尖
锥状柄。

银耳挖

通长 11 厘米，重 7 克
M14：13

半圆勺，螺纹细颈，六棱形尖锥状柄。

银牙签

通长 7.6 厘米，重 1 克
M14：12

上有圆系，柄部上圆下扁。

银钥匙

通长 10.5 厘米，重 12 克
M14：17

上有圆环，下有穿，柄上段呈六棱形，
上细下粗，柄下段为圆柱形，U 形牙花。
柄上有纹饰。

叁

·

葬具

银棺钉

通长 1.8 ~ 3.8 厘米
重 1.6 ~ 2.8 克
弘治十三年（1500 年）王鉴墓
（M20）出土

圆形帽，圆锥状钉。

银棺钉

通长 6 ~ 8.8、帽径 2.2 ~ 2.7 厘米
重 17 ~ 25 克

圆形帽，锥状四方钉。

银棺钉

通长 20.5 ～ 20.8 厘米
重 124 ～ 126 克
弘治十三年（1500 年）王鉴夫妇
合葬墓出土

六边形，锥状。钉首有装饰，上
为交叉圆点纹，中间有三道线纹，
线纹下为两重 V 形纹。最下方为
四个圆圈。

银鎏金棺钉

通长 23 ～ 24 厘米
重 169 ～ 178 克

四边形，锥状钉身，塔形钉帽。

银鎏金棺钉

通长 20 ～ 21 厘米
重 136 ～ 155 克
弘治十三年（1500 年）王鉴夫妇
合葬墓出土

方形。锥状。钉帽呈方形。钉帽下刻
星象图。

银铺首棺环

铺首上层径 7.2、下层径 18.9、环
径 11.7、钉长 10 厘米

由铺首、圆环、插钉三部分构成。铺
首为八瓣菱花形，分为两层，上层较
小，素面；下层镂空，花瓣内为八宝
图案，依次为法轮、法螺、宝伞、白盖、
莲花、宝瓶、金鱼、盘肠结。插钉环
端包银，尖端平折。

铜鎏金铺首棺环

铺首径 8.9、环径 7、钉长 13.6 厘米

通体鎏金，由铺首、圆环、揸钉三部
分构成。铺首呈钹形，上饰云草纹。

铜铺首门环（一对）

铺首径 17.8、环径 10.5、
插钉长 22.5、13 厘米

由铺首、铜环、插钉三部分构成。铺
首为花边钺形，上有六个圆孔。铜环
有一缺口，插钉前端有两个系，下系
衔环，上系挂锁。

肆 · 券书

王祥、赵氏、明氏石诏书

长 30、宽 22.5、厚 3 厘米
宣德六年（1431 年）王祥墓出土 M10：7

整体呈长方形，正面线刻河图，中宫内刻
"坎山，元亨利贞"，中宫右侧题刻"大
明国龙州抚安乡曲水里，殁故官王祥官人、
赵氏、明氏，各乃亡殁之后未伸迁瘗，卜
今坎山为其宅兆"，中宫上下刻"安厝使
子孙大安乐，急急一如女青诏书律令"，
中宫左侧题刻"太岁辛亥年春二月丙申朔
初七日壬寅吉时告下"。背面光素。

大明國龍州撫宇御曲永里殁故宣王祥宦人趙父

頭骸釜盒□二庚之後未伸迁座卜今坎山為其宅兆

安居使子孫

急一如女青

○太歲辛亥年春二月丙申朔初七日壬寅吉時□下

坎山

元

利

貞

亨

大吏樂急

詔青律令

王玺石诏书

长 37.5、宽 22.5、厚 5 厘米

天顺八年（1464 年）王玺墓出土 M3：29

整体呈长方形，上端委去两角。正面刻洛书，中宫刻"元亨利贞"；背面刻河图，中宫为圆形，由内向外顺时针环刻"维大明天顺八年岁次甲申四月癸未朔初三日乙酉，四川龙州宣抚司，殁故大明诰封昭信校尉佥事王玺，存系乙酉相二月初八日卯时生，丧于壬申年十月二十八日未时，寿终卜此山水以为安厝之地，庶使子孙荣贵受大安乐，一如女青律令"。

王玺石诰命符

长 38、宽 23、厚 5 厘米
天顺八年（1464 年）王玺墓出土 M3：30

整体呈长方形，上端委去两角。正面刻符篆一道；背面竖刻"太上符命，赤书玉文，济度死魂，速符玉真，上生天堂，列简仙名，骨成蓝玉，面有金英，太乙守尸，三官卫灵，忽然轻举，上登太清，土下大煞，死魂鬼精，敢有干符，乱甲神明，天丁把斧，斩鬼戮形，山泽水风，火气玉真，护魂守尸，返魂化生，北帝金吒，落汝死名，飞云玉舆，朝谒紫庭，一如诰命，符到奉行。太岁甲申年四月初三日吉时诰付故官佥事王玺神主收执准此"。

太上符命承事□□□消滅死鬼速斬伐□住天堂□死

蘭仙名□青從人□鹽玉面有人金火太乙守尸三官□靈勿

一然輕舉上登

太清土大然死鬼精敢有干符亂甲神明天丁把□

斬鬼殺邪山澤水風火然至真護鬼守尸返鬼化生

此帝金吒洛汝死名飛雲玉摯朝詔

榮足一如

詔命符到奉行

太歲甲申四月初三旦言時詔符故官令事王□王神王汝執滙此

王玺买地券

边长 39、厚 3.5 厘米

天顺八年（1464 年）王玺墓出土 M3：27

整体呈方形，上端委去两角。正面中间竖刻"右券给付殁故昭信校尉佥事王玺收执准此"，左右分别刻"阴精交媾""阳气旋环"，四周刻八卦。背面正反相间竖刻"维大明天顺八年岁次甲申四月癸未朔初三日乙酉，四川龙州宣抚司，殁故大明诰封昭信校尉佥事王玺，存系乙酉相二月初八日卯时生，原系本贯生长人氏，丧于壬申年十月二十八日未时，寿终化年四十八岁，未卜坟茔，遂令日者，择此高原来去朝迎地，占袭吉地，属本司古城，坐子向午之原，堪为宅兆，出备钱彩，买到墓地一方，左至青龙，右至白虎，前至朱雀，后至玄武，内方勾陈，分掌四域，丘丞墓伯，封步界畔，道路将军，齐整阡陌，致使千年百载，永无殃咎，若有干犯，并令将军亭长，缚付河伯，今备牲牢酒脯、百味香新，共为信契，财地交相，各已分付，工匠修茔安厝，已后永保清吉，知见人：岁月主，代保人：今日直符。故气邪精，不得干忤，先有居者，永避万里，若违此约，地府主吏，自当其祸，助葬主里外存亡悉皆安吉，急急一如五帝使者女青律令"。

靈王□馬□□□□□□□□□
□乙丑相二月初八日□生辰府□今皆□□人人□人□
□年月生□□□□生壽□七□□申□□
今有擇此高原永大朝迎地占龍居□本司古城□四
至王一□葉□真□□□□□郡□□□□□□師□
有龍右至白虎前至朱雀後至玄武□勾陳分掌四
載永無□□君有干犯□□將軍亭長縛付何伯
□永保清吉知見人歲月主代保人□□□□
丘俗亭安厝已後永保清吉知見人歲月主代保人

王玺、曹氏、蔡氏、田氏买地券

长 39、宽 37.5、厚 4 厘米

天顺八年（1464 年）王玺墓出土 M3：28

整体近方形，上端委去两角。正面中间竖刻"右券奏上后土地祇五土诸神圣前"，左右分别刻"阴精交媾""阳气旋环"，四周刻八卦。背面刻河图，中宫为圆形，由内向外顺时针环刻"维大明天顺八年岁次甲申四月癸未朔初三日乙酉，四川龙州宣抚司抚安乡曲水里故官佥事王玺、故孺人曹氏、蔡氏、田氏等神主各乃前亡，后化未卜坟茔，遂令日者，择此高原来去朝迎地，占袭吉地，属本司古城奉亲山，坐子向午之原，堪为宅兆，出备钱彩，买到墓地一方，左至青龙，右至白虎，前至朱雀，后至玄武，内方勾陈，分掌四域，丘丞墓伯，封步界畔，道路将军，齐整阡陌，致使千年百载，永无殃咎，若有干犯，并令将军亭长，缚付河伯，今备牲牢酒脯、百味香新，共为信契，财地交相，各已分付，令工匠修营安厝，已后永保清吉，知见人：岁月主，代保人：今日直符。故气邪精，不得干吝，先有居者，永避万里，若违此约，地府主吏，自当其祸，助葬主里外存亡悉皆安吉，急急如五帝使者女青律令"。

王玺夫人曹氏诰命符

长 39.5、宽 22.5、厚 3 厘米
天顺八年（1464 年）王玺夫人曹氏墓
（M4）出土

整体呈长方形，上端委去两角。正面刻符
篆一道；背面竖刻"太上符命，赤书玉文，
济度死魂，速符玉真，上生天堂，列简仙
名，骨成蓝玉，面有金英，太乙守尸，三
官卫云，忽然轻举，上登太清，土下大煞，
死魂鬼精，敢有干符，乱甲神明，天丁把
斧，斩鬼戮形，山泽水凤，火气玉真，护
魂守尸，返魂化生，北帝金吒，落汝死名，
飞云玉舆，朝谒紫庭，一如诰命，符到奉
行。太岁甲申年四月初三日诰付故安人曹
氏神主收执准此"。

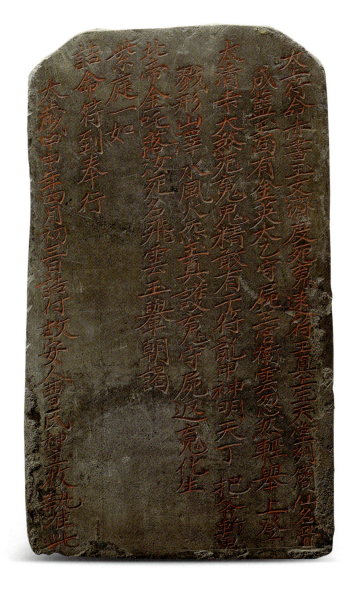

王玺夫人曹氏买地券

长 39、宽 38、厚 5 厘米

天顺八年（1464 年）王玺夫人
曹氏墓（M4）出土

整体近方形，上端委去两角。正面中间竖刻"右券给付故诰封孺人曹氏神主收执准此"，左右分别刻"阴精交媾""阳气旋环"，四周刻八卦。背面正反相间竖刻"维大明天顺八年岁次甲申四月癸未朔初三日乙酉，四川龙州宣抚司抚安乡殁故诰封安人曹氏，存系甲申相七月十八日言时生，原系本土生长人氏，丧于丙寅年六月十七日亥时，寿终化年四十三岁，未卜坟茔，遂令日者，择此高原来去朝迎地，占袭吉地，属本司古城，坐子向午之原，堪为宅兆，出备钱彩，买到墓地一方，左至青龙，右至白虎，前至朱雀，后至玄武，内方勾陈，分掌四域，丘丞墓伯，封步界畔，道路将军，齐整阡陌，致使千年百载，永无殃咎，若有干犯，并令将军亭长，缚付河伯，今备牲牢酒脯、百味香新，共为信契，财地交相，各己令工匠修营安厝，已后永保清吉，知见人：岁月主，代保人：今日直符。故气邪精，不得干吝，先有居者，永避万里，若违此约，地府主吏，自当其祸，助葬主里外存亡悉皆安吉，急急如五帝使者女青律令"。

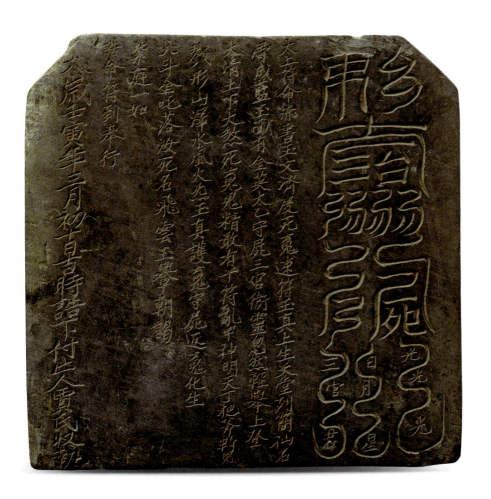

王玺夫人贾氏买地券

长 28.5、宽 28、厚 2.5 厘米
成化十八年（1482 年）王玺夫人
贾氏墓（M2）出土

整体近方形，上端委去两角。正面右侧刻符箓一道，左侧竖刻"太上符命，赤书玉文，济度死魂，速符玉真，上生天堂，列简仙名，骨成蓝玉，面有金英，太乙守尸，三官卫灵，忽然轻举，上登太清，土下大煞，死魂鬼精，敢有干符，乱甲神明，天丁把斧，斩鬼戮形，山泽水风，火气玉真，护魂守尸，返魂化生，北斗金吒，落汝死名，飞云玉舆，朝谒紫庭，一如诰命，符到奉行。太岁壬寅年三月初十日吉时诰下付亡人贾氏收执"。背面右侧竖刻"维大明成化十八年岁次壬寅三月己巳朔初十日戊寅，四川布政司龙州宣抚司殁故安人王宅贾氏，在阳原命壬辰相三月初八日巳时生，丧于己亥年六月二十五日午时分，在家病故，享年六十八岁，自亡之后，未伸安厝，遂令日者，择此高原来去朝迎地，占袭吉地，属古城奉亲山之原，今迁子山午向，堪为宅兆掷巳，出备钱彩，买到墓地一方，东至青龙，西至白虎，南至朱雀，北至玄武，内方勾陈，管分擎四域，丘丞墓伯，封步界畔，道路将军，齐整阡陌，致使千秋百载，永无殃咎，若有干犯，并令将军亭长，缚付河伯，今备牲牢酒脯、百味香新，共为信契，财地交相，各已分付，令工匠修茔安厝，已后永保休吉，知见人：岁月主，代保人：今日直符。故气邪精，不得干忤，先有居者，永避万里，若违此约，地府主司吏目，当其理直，自当其祸，助葬主里外存亡悉皆安吉，急急如五帝使者女青律令"。左侧竖刻"右券给付故孺人王宅贾氏正魂收执"。

王鉴、朱氏买地券

长 30、宽 27、厚 3.5 厘米

弘治十三年（1500 年）王鉴夫人
朱氏墓（M21）出土

该券字迹潦草，制作简单、随意。整体近方形。正面右侧刻符箓一道，左侧竖刻"太上符命，赤书玉文，济度死魂，速符玉真，上生天堂，列简仙名，骨成蓝玉，面有金英，太乙守尸，三官卫灵，忽然轻举，上登太清，土下大煞，死魂鬼精，敢有干符，乱甲神明，天丁把斧，斩鬼戮形，山泽水风，火气玉真，护魂守尸，返魂化生，北斗金吒，落汝死名，飞云玉舆，朝谒紫庭，一如诰命，符到奉行。太岁庚申年三月乙卯朔十八日壬申吉时诰下"。背面中间刻"元亨利贞"，其外侧由内向外顺时针环刻"维大明弘治十三年岁次庚申三月乙卯朔十八日壬申，四川龙州宣抚司故佥事王公鉴、安人朱氏，各从奄逝，未卜茔坟，夙夜忧思，不遑所厝，遂令日者，择此高原来去朝迎地，占袭吉地，属古城，迁子向午之原，堪为宅兆梯已，出备钱彩，买到墓一方，左至青龙，右至白虎，前至朱雀，后至玄武，内方勾陈，管分擘四域，丘丞墓伯，封步界畔，道路将军，齐整阡陌，致使千秋百载，永无殃咎，若有干犯。并令将军亭长，缚分河伯，今备牲牢酒脯、百味香新，共为信契，财地交相，各己分付，令工匠修营安厝，已后永保休吉，知见人：岁月主，代保人：今日直符。故气邪精，不得干忤，先有居者，永避万里，若违此约，地府主吏，自当其祸，助葬主里外存亡悉皆安吉，急急如五帝使者女青律令"。下方横题"亡灵墓神永远护佑"。左侧竖刻"右券给付故佥事王鉴朱氏收执"。

王铨、刘氏、雷氏买地券

长 38、宽 33.5、厚 2 厘米

正德七年（1512 年）王铨墓（M19）出土

整体近方形，上端委去两角。正面右侧刻符篆一道，左侧竖刻"太上符命，赤书玉文，济度死魂，速符玉真，上生天，列简仙名，骨成蓝玉，面有金英，太乙守尸，三官卫灵，忽然轻举，上登太清，土下大煞，死魂鬼精，敢有干符，乱甲神明，天丁把斧，斩鬼戮形，山泽水风，火气玉真，护魂守尸，返魂化生，北斗金吒，落汝死名，飞云玉舆，朝谒紫庭，一如诰命，符到奉行。正德七年十一月二十日吉时诰付亡人王铨、刘氏、雷氏收执"。背面竖刻"维大明国正德七年岁次壬申十一月辛未朔二十日庚寅，四川北龙州宣抚司故诰封文林郎王铨、孺人刘氏、雷氏，自从奄逝，未卜茔坟，遂令日者，择此高原来去朝迎地，占袭吉地，属古城，今迁子山午向之原，堪为宅兆棉巳，出备钱彩，买到墓一方，东至青龙，西至白虎，南至朱雀，北至玄武，内方勾陈，管分掌四域，丘承墓伯，封步界畔，道路将军，齐整阡陌，致使千年百载，永无殃咎，若有干犯，并令将军亭长，缚付河伯，今备牲牢酒脯、百味香新，共为信契，财地交相，各己分付，令工匠修茔安厝，已后永保休吉，知见人：岁月主，代保人：今日直符。故气邪精，不得干吝，先有居者，永避方里，若违地约，地府主吏，自当其祸，助葬主里外存亡悉皆安吉，急急如五帝使者女青律令"。左侧竖刻"右券付文林郎王铨刘氏雷氏收执"。

王瀚、朱氏买地券

长 38、宽 37.5、厚 2.5 厘米

正德七年（1512 年）王文渊墓出土 M7：6

整体近方形，一角残缺。正面右侧刻符箓一道，左侧竖刻"太上符命，赤书玉文，济度死魂，速符玉真，上生天堂，列简仙名，骨成蓝玉，面有金英，太乙守尸，三官卫灵，忽然轻举，上登太清，土下大煞，死魂鬼精，敢有干符，乱甲神明，天丁把斧，斩鬼戮形，山泽水风，火气玉真，护魂守尸，返魂化生，北斗金吒，落汝死名，飞云玉舆，朝谒……日吉时诰下付金事王瀚朱氏收执"。背面竖刻"……岁次壬申十一月辛未朔初二日壬申，四川布政司……葬金事府君王瀚安人朱氏，各从辞世，未卜茔坟，……思. 不遑所厝，遂令日者，择此高原来去朝迎地，占袭吉……本司古城之原，今迁子山午向，堪为宅兆捵巳，出备戋彩，买到墓地一方，东至青龙，西至白虎，南至朱雀，北至玄武，内方勾陈，管分擘四域，丘丞墓仵，封步界畔，道路将军，齐整阡陌，致千年百载，永无殃咎，若有干犯，并令将军亭长，缚付河伯，今备牲牢酒脯、百味香新，共为信契，财地交柜，各已分付，令工匠修茔安厝，已后永保休吉，知见人：岁月主，代保人：今日直符。故气邪精，不得干忤，先有居者，永避万里，若违地约，自当其祸，助葬主里外存亡悉皆安吉，急急五帝使者女青律令"。左侧竖刻"右券乞付墓中金事府君王文渊朱氏执照，岁主直符大卫之神，月主直符神后之神，日主直符从鬼之神"。

伍
·
石刻

持扇侍女（王玺夫人墓）

高 56、宽 30.5、厚 7 厘米

持扇侍女（王玺夫人墓）

高 57、宽 28、厚 6 厘米

女侍（王玺夫人墓）

宽 68、高 29、厚 5 厘米

女侍（王玺夫人墓）

宽 67、高 29、厚 6 厘米

男侍（王玺墓）

宽 68、高 29.5、厚 5.5 厘米

男侍（王玺墓）

宽 68、高 28.5、厚 4.5 厘米

男侍（王玺墓）

宽 68、高 29、厚 4.5 厘米

男侍（王玺墓）

宽 67、高 29.5、厚 4 厘米

飞天（王玺夫妇合葬墓）

宽 68、高 23、厚 4.5 厘米

飞天（王玺夫妇合葬墓）

宽 67、高 23、厚 4.5 厘米

飞天（王玺夫妇合葬墓）

宽 68、高 23、厚 5 厘米

飞天（王玺夫妇合葬墓）

宽 68、高 23、厚 3.5 厘米

寿山福海（王玺夫妇合葬墓）

宽 143、高 36、厚 8 厘米

寿山福海（王玺夫妇合葬墓）

宽 68、高 32、厚 4 厘米

八宝纹之珊瑚（王玺夫妇合葬墓）

宽 155、高 37、厚 9.5 厘米

八宝纹之方胜（王玺夫妇合葬墓）

宽 150、高 36、厚 4.5 厘米

八宝纹之银锭（王玺夫妇合葬墓）

宽 66、高 29、厚 4.5 厘米

八宝纹之圆钱（王玺夫妇合葬墓）

宽 60、高 29.5、厚 5.5 厘米

八宝纹之犀角（王玺夫妇合葬墓）

宽 68、高 29、厚 6 厘米

八宝纹之金锭（王玺夫妇合葬墓）

宽 75、高 30、厚 6.5 厘米

侍从、乐舞（王祥夫妇合葬墓）

高 110、宽 65.5、厚 6.7 厘米

侍从、乐舞（王祥夫妇合葬墓）

高 109.5、宽 77、厚 7.5 厘米

侍从、乐舞（王祥夫妇合葬墓）

高 110、宽 66、厚 6.7 厘米

侍从、乐舞（王祥夫妇合葬墓）

高 110、宽 73、厚 5.5 厘米

二龙戏珠（王祥墓）

石块长 90.5、宽 76、厚 8.5 厘米

画幅边长 64 厘米

后壁牌位（王祥墓）

石块高 64、宽 63.5、厚 6 厘米

牌位高 52、宽 18 厘米

侍从高 35、宽 11 厘米

侍从（王祥夫妇合葬墓）

石块宽 67、高 39、厚 4.5 厘米
画幅宽 63、高 33 厘米

文官（王祥夫妇合葬墓）

石块宽 69、高 38、厚 4 厘米
画幅宽 66、高 31.5 厘米

乐舞（王祥夫妇合葬墓）

石块宽 91、高 38、厚 6 厘米
画幅宽 82.5、高 29.5 厘米

武士（王祥夫妇合葬墓）

石块宽 68、高 40、厚 4 厘米
画幅宽 65、高 35 厘米

武士（王祥夫妇合葬墓）

石块宽80、高41.5、厚5.5厘米

画幅宽73、高32厘米

飞天（王祥墓）

石块宽 90、高 32、厚 5.5 厘米
画幅宽 28.5、高 26.5 厘米

仙鹤（王祥墓）

石块宽 69、高 34、厚 6.5 厘米
画幅宽 64、高 30 厘米

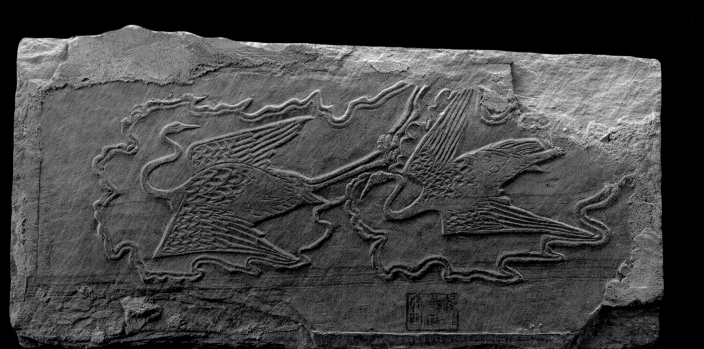

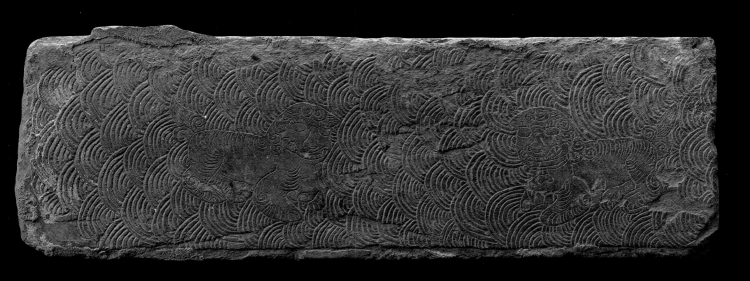

双狮（王祥墓）

石块宽 60、高 20、厚 4.5 厘米

画幅宽 60、高 19 厘米

瓶花、供案（王祥夫妇合葬墓）

石块宽 101、高 44.5、厚 6 厘米
画幅宽 74.5、高 38 厘米

瓶花、供案（王祥夫妇合葬墓）

石块宽 115、高 44、厚 7 厘米
画幅宽 105、高 40 厘米

陆

·

附录

四川平武明王玺家族墓

四川省文管会
绵阳市文化局
平武县文保所

　　1974 年 3 月，四川省平武县古城乡小坪山（原名奉亲山）农民，在整治土地时挖出明代王玺夫妇合葬墓 5 座。根据墓地竖立的《龙阳郡节判王氏宗亲墓志》[1]记载，这里是明代龙州宣抚司金事王玺的家族墓地（图一）。同年 4 月至 5 月，省文物管理委员会考古工作队与绵阳市及平武县文物部门共同对墓地进行了清理、发掘，共清理及发掘墓葬 19 座。1979 年 1 月，又清理了王鉴夫妇墓 3 座。两次共出土器物 396 件，石买地券、诰命符、诏书共 21 方。现将王玺家族墓的发掘清理情况合并介绍如下。

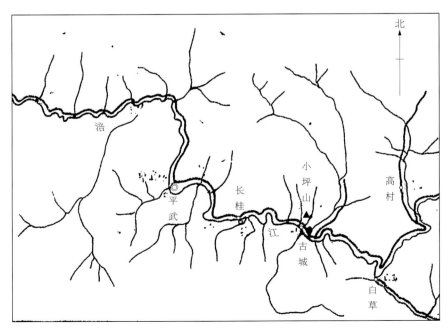

图一　王玺家族墓位置示意图

一、墓葬形制

墓群位于小坪山腰缓坡处地下，墓顶距地表深 1 ~ 5 米。地表因辟为耕地，原有的石刻如望柱、狮、马、文官、武将等均残破不堪，位置也已变动。墓室结构大致可分为平顶和券顶两种。墓室平面均呈长方形，11 座由棺室和前室组成，另 11 座仅有棺室，少数墓棺室底部设腰坑。墓向正南。均为夫妇合葬墓。夫妇墓室均为一次建成，同时或分别入葬。墓室建筑系将质地较坚硬的砂岩凿成大小不同的石条和石板，经加工后砌筑。我们将这 22 座墓统一进行了编号（图二）。王玺夫妇墓：M1 ~ M5。王文渊夫妇墓：M6 ~ M8，3 墓同穴。王祥夫妇墓：M9 ~ M11。王铨夫妇墓：M17 ~ M19，3 墓同穴。王鉴夫妇墓：M20 ~ M22，3 墓同穴。5 座墓主不详：M12 ~ M16，5 墓同穴。现依墓顶形制分类介绍如下。

图二　王玺家族墓分布图

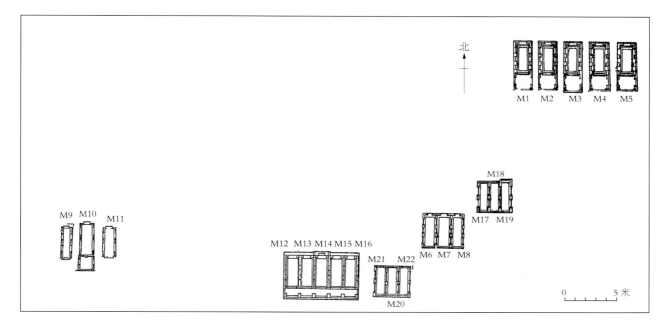

（一）平顶墓

17 座（M1 ~ M11，M17 ~ M22）。墓顶以石板平铺封盖，棺室后壁一般有壁龛。现以 M1 ~ M5 及 M9 ~ M11 为例介绍如下。

1. 王祥夫妇墓（M9 ~ M11）

位于整个墓地的西侧，墓顶距地表 5 米。王祥墓（M10）居中；东侧为孺人赵氏墓（M11），2 墓相距 76 厘米；西侧为二孺人明氏墓（M9），与 M10 相距 70 厘米。墓间以泥土填实。

M10 由前室和棺室组成，全长 4.56 米。

前室设在棺室南面，长 1.42、宽 1.2、高 1.9 米。室底嵌入石板，板表面与室底齐平；宽 0.71、厚 0.1 米。室底高出棺室底部 6 厘米。东西两壁用同于室长的石条砌成壁基，高 10 厘米。各壁基之上用 3 石板交错竖砌，均形成 1 个壁龛，高 1.74、宽 0.66、深 0.08 米。壁龛内用石条横砌，分成高度不等的 4 层，自下而上分别高 18、40、36、32 厘米。东壁龛自下而上浅浮雕 2 狮、侍从、文官和 2 鹤。西壁龛除最下一层浮雕已脱落外，其余 3 层图案同东壁龛。壁龛之上用与壁基同长的石条砌成顶壁，宽 15、高 6 厘米。南壁以 1 石板竖立而成，壁底与室底板底面平齐，宽度同于底板长。室底紧靠南壁处横置 1 石条，与壁同长，与东西壁基等高。石条两端与东西壁间均立一方形石柱，使 3 壁相连，柱上端插入墓顶。室顶以 2 块石板横铺封盖，石板长 2、厚 0.18 米，1 块宽 0.9、另 1 块宽 0.6 米。室北部置 1 件陶香炉和 2 件锡壶。

棺室长 3.06、宽 1.06、高 1.92 米。南面设门。以 2 石条竖立为门柱，柱上横置 1 石条为门楣，下置石条为门槛。其底面与棺室底石表面齐平。门柱高 1.8、厚 0.07 米。门楣长 0.9、高 0.07、厚 0.12 米。门槛高 10、宽 12 厘米。双扇石格门，装在前室北侧角上，有轴插入顶石，向南启闭，门下立 1 顶门石，门高 1.82、厚 0.06、门扇宽 0.54 米。墓底铺石及东西壁砌筑方式均同前室。壁基高 10、顶壁高 7 厘米。东西壁中层各砌出 2 壁龛，高 1.68、宽 0.9 米。龛内用 3 石条横置隔为 4 层，自下而上分别高 20、40、36、30 厘米。龛内均有浅浮雕，内容有飞天、侍从、武士、狮等，有的已脱落。北壁也砌有壁基和顶壁，其间用石板前后交错砌成 3 层。上层为壁龛，宽 54、高 60、深 16 厘米，龛外两侧壁均宽 26 厘米。龛后壁及龛外两侧壁均浮雕人物，龛内置 3 件影青瓷碗。中、下层分别高 0.26、0.45 米，均宽 1.1 米。中层浮雕祭台和瓶花，下层浮雕花卉。棺室顶部用石板平铺封盖，以石灰填缝，室顶中部有 1 方孔，叠砌一方形石板，石板边长 95、厚 15 厘米。石板向墓内 1 面浅刻二龙戏珠藻井 1 幅，画面宽 64 厘米。室底中

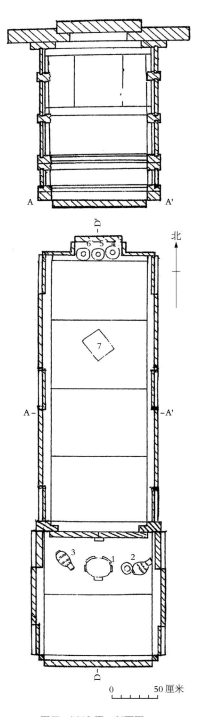

图三　M10 平、剖面图

1. I 式陶炉　2、3. 锡壶　4～6. IV式瓷碗　7. 石诏书

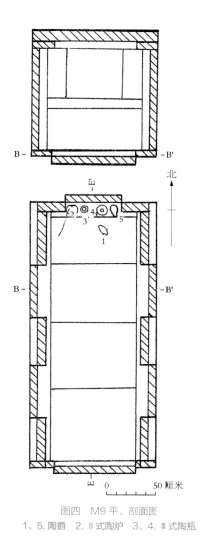

图四 M9 平、剖面图
1、5. 陶爵 2. Ⅱ式陶炉 3、4. Ⅲ式陶瓶

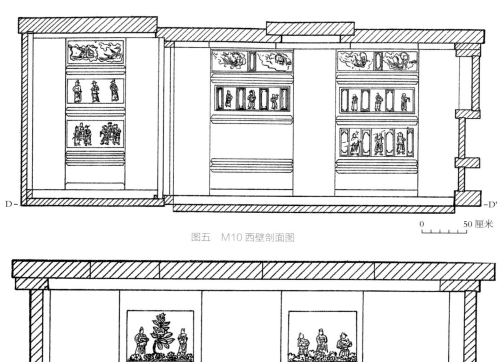

图五 M10 西壁剖面图

0 50 厘米

图六 M9 西壁剖面图

0 50 厘米

部偏后置石诏书 1 方（图三、五）。

M9 和 M11 形制相同，均无前室，棺室构造方法基本同于 M10 棺室。

M9 长 2.56、宽 0.86、高 1.2 米。4 壁均有壁基和顶壁。东西壁壁基与顶壁间以 5 块石板前后交错竖砌成 2 壁龛，龛高 1.06、宽 0.55、深 0.08 米，龛后壁浅浮雕侍从和舞乐。北壁于顶壁和壁基间以石板砌成 2 层。上层为壁龛，高 53、宽 56、深 10 厘米，龛后壁和龛外侧壁浮雕人物，龛内置陶爵、陶炉各 1 件，陶瓶 2 件。下层高 43、宽 94 厘米，浮雕香炉和瓶花。南壁顶壁与壁基间以石板封堵。墓底铺石板，石板表面低于壁基表面 6 厘米。墓顶以石板横铺封盖。墓底近北壁处置陶爵 1 件（图四、六）。

M11 较 M9 稍大。北壁后龛内置陶瓶及泥烛台各 1 件，室底置铁剪、锡壶、铜簪、银耳坠、陶瓶及木梳各 1 件，陶爵 2 件，铜钱 29 枚（图八）。

3 墓墓室内均置红漆木棺，均已朽，人骨架无存，葬式不详。

2. 王玺夫妇墓（M1～M5）

位于整个墓地的东北端。墓顶距地表 3 米。地上当墓前 50 米处有石望柱 1 根（图七）。

王玺墓（M3）居中，西侧为孺人田氏墓（M1）和安人贾氏墓（M2），东侧为安人曹氏墓（M4）和蔡氏墓（M5）。相邻 2 墓相距 60～68 厘米，墓壁间以泥土填实。5 墓形制基本相同，均由前室和棺室组成，现以 M3 为例介绍如下。

M3 前室呈方形，边长 1.52、高 1.9 米。室底平铺石板。东西壁分别用 3 块石板交错竖砌，上部横砌 1 石条为顶壁。南壁用石板竖砌而成。室顶用石板平铺封盖。室底原置随葬器物，因被扰乱，位置不详。

棺室设在前室北面。长 3.12、宽 1.1、高 1.8 米。南壁以 2 石条砌为门柱，柱上横置 1 石条为门楣，下置石条为门槛。门柱高 1.68、宽 0.2、厚 0.06 米。门楣高 0.12、长 1.06、厚 0.14 米。门槛长 1.1、高 0.1、宽 0.18 米。双扇石格门，装在门柱南侧，向南启闭，门高 1.8、厚 0.06、每扇宽 0.62 米。东西 2 壁均砌有壁基和顶壁，在顶壁和壁基间以 7 块石板交错竖砌，使成为南、中、北 3 壁龛。龛高 1.56、宽 0.61、深 0.12 米。每龛用 5 石条横置分隔成 4 层，每层高 24～34 厘米不等。龛内各层后壁及龛外侧壁均浮雕人物、飞天、物品等，龛外侧壁还彩绘瓶花。北壁以石板竖砌而成，其内侧以石条横竖交替砌成 3 层。上层为壁龛，高 50、宽 72、深 20 厘米，龛后壁及龛外两侧壁浮雕人物，龛上砌顶壁，与东西壁顶壁相连。中、下层均宽 1.28、中层高 0.38、下

图七　M1～M5 地面石望柱

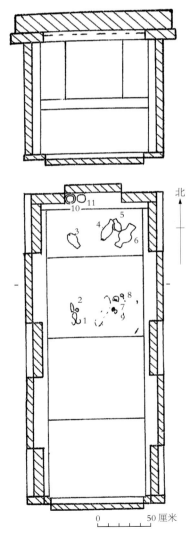

图八　M11 平、剖面图

1. 铁剪 2. 铜钱（29 枚） 3、5. 陶爵 4. 锡壶 6、10. Ⅱ式陶瓶 7. 木梳 8. 铜簪 9. 银耳坠 11. 泥烛台

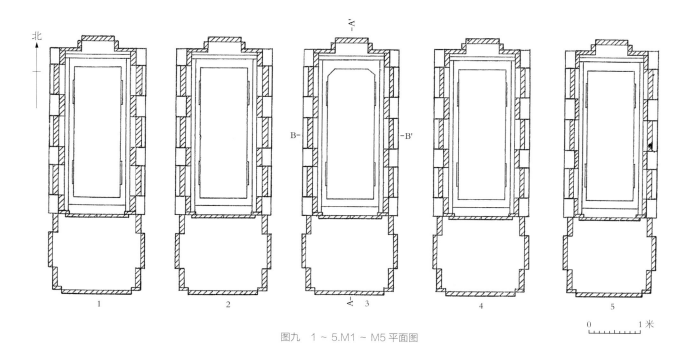

北

图九　1～5.M1～M5 平面图

0　　　1 米

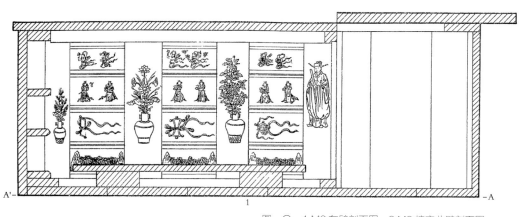

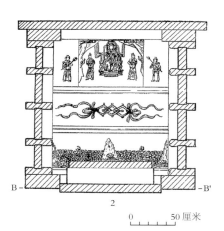

图一〇　1.M3 东壁剖面图　2.M3 棺室北壁剖面图

0　　50 厘米

图一一　M3 棺室

图一二　M3 棺室东壁

层高 0.4 米，分别浮雕方胜和寿山福海。室底横铺石板，板底面低于东西壁壁基底面 0.05 米。室顶以石板平铺封盖，以石灰抹缝，顶石四周宽出室壁 6 ~ 40 厘米。棺室顶低于前室顶 12 厘米。底板之上设棺床，为一矩形石板，抹去两角，石板两端附近下垫石条。棺床长 2.6、宽 0.92、厚 0.08 米，所垫石条长 0.96、宽 0.48、厚 0.18 米。

因被扰乱，故葬具、葬式及出土物位置均不详，从棺床上残存漆皮和银棺环、铁钉、铁皮推知葬具为描金红漆木棺，棺身还加有两道铁箍(图九 ~ 一二)。

（二）券顶墓

5 墓（M12 ~ M16）同穴，墓主不详。位于王祥夫妇墓以东。墓顶距地表 1 米。墓呈长方形，墓圹四周以石板竖砌成墓壁。墓内沿南北向置 6 列石板（东西端 2 列紧贴墓壁），将墓隔成 5 室，形制基本相同，从西向东分别编为 M12 ~ M16。每列置石板 4 块，长度不等，石板间隔 0.4 ~ 0.56 米，在各室之间形成北、中、南 3 条通道。现以 M14 为例介绍如下。

棺室南面设前室，呈长方形，长 1.14、宽 1、高 2.08 米。室底平铺石板。室底近中部置 1 束腰长方形祭台，长 0.45、宽 0.41、高 0.41 米。利用南通道与其余各前室相通。在南通道北端沿东西向置石条，宽 0.4、厚 0.1、高 1.42 米，与相交石板呈"T"形。东西壁高 1.42 米，其上及

图一三　M12 ~ M16 棺室东西壁通道

图一四　M12 ~ M16 券顶

图一五　M12 ~ M16 券顶

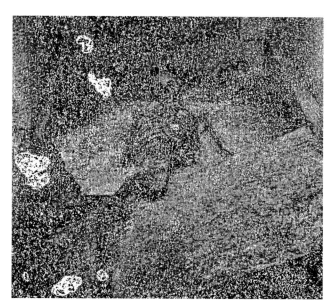

图一六　M14 棺室局部

棺室东西壁南端之上均横置石条，石条高 0.3 米，以石条为基沿南北向发券，券拱部分高 0.36 米。券顶与相邻前室券顶之间以石板相隔，隔板两宽面凿成凸起的圆弧形，以承托券拱石条。

棺室呈长方形，长 2.94、宽 1.05、高 2.24 米。以前室 T 形结构的东西向部分为门柱，其上横置 1 石条为门楣，长 1.38、高 0.3、厚 0.1 米。双扇石格门，上轴插入东西壁南端之上横置石条内，下轴插入铺地石中，向北启闭。棺室东西壁下以石条作壁基，与室同长，高 0.34 米。其上置 3 块石板，板间留出通道与邻室相通，板厚 0.22、通道宽 0.46 米（图一三）。其中北端 1 块石板凿去后上角，呈曲尺形。石板之上以石条砌出顶壁，高 0.26 米，南端与横跨东西壁南端之上的石条相接，北端较中层石板北端南去 0.56 米，其空缺处横置 1 石条跨东西两壁，与顶壁相接并等高，宽 0.38 米。北壁壁基与东西壁壁基等高，顶壁系以 1 石条横置在东西壁北端石板上角缺凹处而成。壁基与顶壁之间以石板和石条横竖放置，形成内外两重龛。外龛高与宽均 0.78、深 0.14 米。内龛高与宽均 0.5、深 0.22 米。内龛后壁中部凿一圆凹，内嵌铜镜 1 面。室顶用石条券拱：先在南北两壁上分别竖砌 1 石板，石板内面凿成一圆弧形凸起，然后从东西壁起沿着凸圆弧处起券，券拱部分高 0.52、宽 1.4 米。棺室券顶与前室券顶因方向不同而呈 T 形（图一四、一五）。室底横铺石板，石板表面与壁基底面齐平，因地震关系大部分石板上翘。底板下当尸骨头部附近设腰坑，为 1 不甚规则的圆形土坑，直径 20、深 22 厘米，坑内置 1 陶罐，内置金龙 1 条、铜钱数枚。

葬具已腐朽。葬式为仰身直肢（图一六）。随葬器物多置于尸骨头部及上身附近，主要为金、银、铜、玉器等（详见附表）。

其余 4 室除棺室北壁结构比 M14 简单外，形制基本相同。尸骨及随葬品放置情况也基本同于 M14（图一七）。

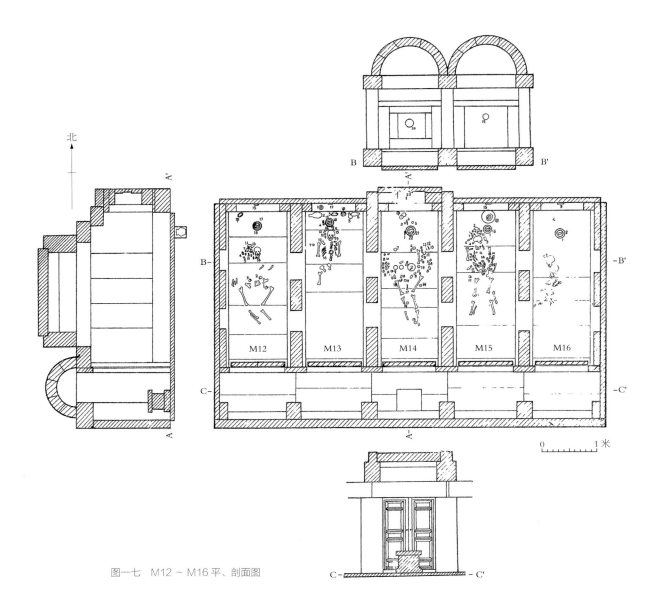

图一七　M12～M16平、剖面图

M12：1.Ⅰ式银戒指　2、3.Ⅱ式银戒指　4、6.银耳坠　5.Ⅱ式银纽扣　7、9、10.Ⅱ式银簪　11、12.Ⅲ式银簪　13.Ⅰ式银簪　14.Ⅰ式银纽扣　15.双鱼铜镜　8、16.铜簪　17.金龙　18.Ⅳ式陶罐　甲.铁棺环

M13：1、5.铜投壶　2、6.Ⅰ式瓷瓶　3.Ⅰ式铜香炉　4.铜钱（6枚）　7.玉珠　8.Ⅰ式金纽扣　9、10.Ⅳ式金耳坠　11.金圈　12、14.Ⅴ式金簪　13、15.Ⅶ式金簪　16、17.素面铜镜　18.金龙　19.Ⅳ式陶罐　甲.铁棺环

M14：1.铜钱（6枚）　2.神兽葡萄铜镜　3.玛瑙扳指　4.Ⅵ式金簪　5.金圈　6、7、9、14～16、19.金压胜钱　8.玉带饰　10.银粉盒　11.金链　12.银牙签　13.银耳勺　17.银钥匙　18.金串珠　20."长命富贵"铭铜镜　21.金龙　22.Ⅳ式陶罐　甲.铁棺环

M15：1.Ⅳ式陶罐　2.Ⅰ式金钿　3.Ⅲ式金钿　4、5.Ⅱ式金耳坠　6.Ⅱ式银簪　7、8、11.Ⅲ式银簪　9、10.Ⅱ式银簪　12、13.Ⅱ式金戒指　14.铜带饰　15.双鱼铜镜　16.金龙　甲.铁棺环

M16：1.Ⅳ式陶罐　2.金龙　3.菱花形铜镜

明王玺家族墓葬登记表

墓型	墓号	前室 长×宽×高 （米）	棺室 长×宽×高 （米）	墓主人姓氏	性别	入葬年份	随葬遗物
平顶墓	1	1.52×1.52×1.9	3.12×1.1×1.8	田氏	女	天顺八年	Ⅰ金耳坠2、Ⅰ金戒指、神兽葡萄铜镜、Ⅰ瓷盖罐、青花瓷盘14、石买地券、石诏书、石诰命符。
	2	同上	同上	贾氏	女	成化十八年	金手镯2、素面铜镜、Ⅲ瓷盖罐、青花瓷盘11、石买地券、石诰命符。
	3	同上	同上	王玺	男	天顺八年	Ⅱ金簪、银耳勺、六棱银钉3、素面铜镜、铜瓢2、Ⅱ铜香炉、Ⅰ瓷盖罐、Ⅱ瓷盖罐、青花瓷盘15、石买地券2、石诏书、石诰命符。
	4	同上	同上	曹氏	女	同上	Ⅳ金簪2、Ⅱ金耳坠3、Ⅲ金耳坠、Ⅰ金戒指4、Ⅳ金纽扣2、素面铜镜、青花瓷盘9、Ⅰ陶罐、Ⅲ陶罐、Ⅰ陶炉、石买地券、石诏书、石诰命符。
	5	同上	同上	蔡氏	女	同上	Ⅱ金钿、Ⅰ金簪4、Ⅱ金簪、Ⅳ金簪4、Ⅳ金纽扣8、Ⅰ金戒指、金佩饰、金带饰、十二生肖铜镜、玉佩饰、Ⅳ瓷盖罐2、Ⅱ瓷瓶2、青花瓷洗、Ⅱ瓷碗、青花瓷盘12、瓷女俑2、Ⅱ陶罐、Ⅰ陶炉、Ⅰ陶瓶、石买地券、石诏书、石诰命符。
	6		3.1×0.98×1.3	朱氏	女	正德七年	Ⅰ金钿、Ⅲ金钿、Ⅲ金簪、Ⅰ金耳坠2、金手镯2、Ⅱ金戒指2、Ⅲ金戒指2、金带饰、Ⅱ银簪2、Ⅲ银簪2、Ⅳ银簪2、"为善最乐"铭铜镜、Ⅰ瓷碗、白瓷杯3、Ⅲ陶炉、陶烛台2。
	7		3×1.06×1.3	王文渊	男	同上	金带饰、"为善最乐"铭铜镜、铜钱10、Ⅲ陶瓶、Ⅰ陶炉、石买地券、石诰命符。
	8		3×0.94×1.3		女		Ⅰ金钿、Ⅲ金钿、Ⅲ金簪2、Ⅰ金耳坠2、Ⅲ银簪4、银手镯2、Ⅱ银纽扣2、银带饰、方形铁块。
	9		2.56×0.86×1.2	明氏	女	宣德六年	Ⅲ陶瓶2、Ⅱ陶炉、陶爵2。
	10	1.42×1.2×1.9	3.06×1.06×1.92	王祥	男	同上	Ⅳ瓷碗3、Ⅰ陶炉、锡壶2、石诏书。
	11		2.84×0.92×1.26	赵氏	女	同上	银耳坠、铜簪、Ⅱ陶瓶2、陶爵2、锡壶、铁剪、木梳、泥烛台、铜钱29。
	17		2.72×0.74×1.1	雷氏	女	正德七年	铜簪2。
	18		2.72×0.84×1.1	刘氏	女	同上	铜簪。
	19		2.72×0.76×1.1	王铨	男	同上	金圈、Ⅴ银簪、铜瓶2、Ⅰ铜香炉、Ⅲ瓷碗、石买地券、石诰命符。

平顶墓	20		2.7×0.8×1.1	王鉴	男	弘治十三年	Ⅳ金簪、金带饰、素面铜镜2、青花瓷盘6。
	21		同上	朱氏	女	同上	Ⅲ金簪2、Ⅳ金簪2、Ⅱ金耳坠2、Ⅰ金戒指3、Ⅰ金纽扣7、Ⅱ金纽扣6、Ⅲ金纽扣2、金佩饰、金耳勺、金串珠、金粉盒、金压胜钱、Ⅱ银簪2、银手镯2、素面铜镜、铜带饰、石买地券。
	22		同上	安氏	女	同上	Ⅲ金簪、Ⅳ金簪、Ⅱ金耳坠2、金云形饰2、镶金玉饰2、金花形饰、Ⅱ银簪、双鱼铜镜。
券顶墓	12	（通长）7×0.98×2.08	2.94×1.04×2.24				金龙、Ⅰ银簪、Ⅱ银簪3、Ⅲ银簪2、银耳坠2、Ⅰ银纽扣、Ⅱ银纽扣、Ⅰ银戒指、Ⅱ银戒指2、双鱼铜镜、铜簪2、Ⅳ陶罐。
	13		2.94×1.06×2.24				Ⅴ金簪2、Ⅶ金簪2、Ⅳ金耳坠2、Ⅰ金纽扣、金龙、金圈、铜投壶2、素面铜镜2、Ⅰ铜香炉、铜钱13、Ⅰ瓷瓶2、Ⅳ陶罐、六棱玉珠。
	14		2.94×1.05×2.24				Ⅵ金簪、金压胜钱7、金龙、金链、金圈、金串珠、银粉盒、银钥匙、银耳勺、银牙签、"长命富贵"铭铜镜、神兽葡萄铜镜、铜钱6、Ⅳ陶罐、玉带饰、玛瑙扳指。
	15		2.94×1.08×2.24				Ⅰ金钿、Ⅲ金钿、Ⅱ金耳坠2、Ⅱ金戒指2、金龙、Ⅰ银簪、Ⅱ银簪2、Ⅲ银簪3、双鱼铜镜、铜带饰、陶罐。
	16		同上				金龙、菱花形铜镜、Ⅳ陶罐。

注：①墓均南向。②"随葬遗物"栏中，罗马数字为式别，阿拉伯数字为件数，不注明件数的为单件。

二、墓内浮雕及彩绘

王玺夫妇墓和王祥夫妇墓墓壁上有浅浮雕。王玺夫妇墓雕后施彩，还有彩绘。王祥夫妇墓不施彩也无彩绘，王祥墓棺室顶有线刻藻井1幅。浮雕部分均系先雕好后，再嵌砌于墓的东西壁和棺室北壁，画面多数保存完好。内容可分为世俗生活和吉祥福寿图案两类。

（一）王玺夫妇墓浮雕及彩绘

此5墓的棺室壁面有浮雕及彩绘。彩绘及浮雕所施彩为红、绿、黄、蓝、黑及褐等色，在同类形象中交替使用，色彩谐和、艳丽。

1. 王玺墓（M3）棺室浮雕及彩绘

北壁壁龛后壁雕墓主王玺像及男侍，龛外两侧壁也雕男侍，中层雕方胜，下层雕寿山福海。

图一八　浮雕王玺像及男侍（M3 棺室北壁壁龛）摹本

东西壁各壁龛自上而下各层后壁分别雕飞天、男侍、珍品、寿山福海。此外，北、中龛龛外侧壁均彩绘瓶花，南龛龛外南侧壁雕文官。

王玺及左右男侍　位于北壁壁龛后壁。像高41.8厘米。王玺头戴冠，身穿交领宽袖长服，肩着帔，足穿翘头鞋，双手捧笏板举于胸前，端坐帐中椅上。左右各立1男侍，服饰相同。头戴瓜皮帽，身穿交领束袖长服，肩着帔，腰束带，足穿圆头鞋。1人捧书，1人托砚（图一八）。龛外两侧壁分别雕1男侍，服饰、动态相同。头戴乌纱帽，身着圆领束袖长服，肩着帔，腰束宽带，足穿圆头鞋。双手举1翣扇而立。1左向，1右向（图一九、二〇）。

文官　2幅。位于东西壁最南端。像高14.5厘米，服饰、动态相同。头戴乌纱帽，身穿圆领宽袖长袍，足着圆头鞋，双手捧笏板站立，1左向，1右向（图二一、二二）。

图一九　浮雕男侍（M3 棺室北壁龛外西侧）摹本　　图二〇　浮雕男侍（M3 棺室北壁龛外东侧）摹本　　图二一　浮雕文官（M3 棺室西壁）摹本　　图二二　浮雕文官（M3 棺室东壁）摹本

飞天　6幅。位于东西壁龛上层。两壁各3幅，每幅2飞天。像高20厘米。均头束髻、系带扎花，颈戴项饰，上身裸露，肩围披帛1条，腹系兜肚，手腕戴双镯，下身着长裤，渐成飘带，腰束带。东壁3幅有的1手举花1枝，1手托1花盘或花盆，有的双手托花盆于胸前。此外中龛1飞天，双肘戴镯（图二三～二五）。西壁3幅双手所持物基本与东壁相似，此外，北龛1飞天双手均举花1枝，头残（图二六～二八）。

图二三　浮雕飞天（M3棺室东壁南龛）摹本

图二四　浮雕飞天（M3棺室东壁中龛）摹本

图二五　浮雕飞天（M3棺室东壁北龛）摹本

图二六　浮雕飞天（M3棺室西壁南龛）摹本

图二七　浮雕飞天（M3棺室西壁中龛）摹本

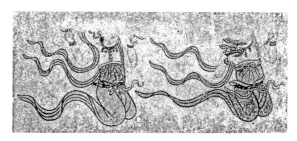

图二八　浮雕飞天（M3棺室西壁北龛）摹本

图二九　浮雕男侍（M3 棺室东壁南龛）摹本

图三〇　浮雕男侍（M3 棺室东壁中龛）摹本

图三一　浮雕男侍（M3 棺室东壁北龛）摹本

图三二　浮雕男侍（M3 棺室西壁南龛）摹本

图三三　浮雕男侍（M3 棺室西壁北龛）摹本

东西壁男侍　6 幅。位于飞天的下层。每壁各 3 幅，每幅 2 男侍。像高 24 厘米。均头戴乌纱帽，身穿圆领束袖长服，肩着帔，腰束宽带，足穿圆头鞋。双手托物站立。东壁 3 幅有的双手举灯笼于左肩，有的双手托盘，盘中置灵芝、串珠、点心及花等（图二九～三一）。西壁 3 幅有的双手举灯笼于右肩，有的双手托盘，盘内置珊瑚、杯、花和燃烛（图三二、三三）。

图三四　浮雕珍品（M3 棺室东壁南龛）摹本

图三五　浮雕珍品（M3 棺室东壁中龛）摹本

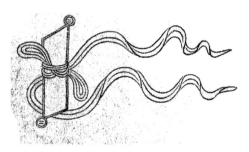

图三六　浮雕珍品（M3 棺室东壁北龛）摹本

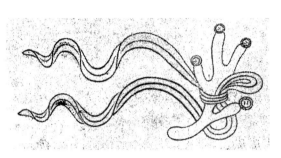

图三七　浮雕珍品（M3 棺室西壁中龛）摹本

图三八　浮雕珍品（M3 棺室北壁中层）摹本

珍品 7 幅。均系以绶带。6 幅位于东西壁男
侍的下层。每壁各 3 幅，每幅 1 件。画面高 25 厘
米。东壁 3 幅分别为古罗钱、金银锭和玉版（图
三四～三六）。西壁 3 幅分别为犀角、珊瑚和玉版（图
三七）。1 幅雕于北壁中层，为方胜（图三八）。

图三九 彩绘瓶花（M3 棺室东壁）摹本　　图四○ 彩绘瓶花（M3 棺室东壁）摹本　　图四一 彩绘瓶花（M3 棺室东壁）摹本　　图四二 彩绘瓶花（M3 棺室西壁）摹本　　图四三 彩绘瓶花（M3 棺室西壁）摹本

　　瓶花 6 幅。彩绘于东西壁中龛、北龛龛外两侧壁。画面高 64 ~ 105 厘米。花均插入瓶中。瓶小口，细长颈，附二方形竖耳，圆肩，鼓腹下收，平底。下腹部饰莲瓣纹。东壁 3 幅，自北向南分别为灵芝、荷花和牡丹（图三九 ~ 四一）。西壁 3 幅，自南向北分别为芙蓉、芍药和灵芝（图四二、四三）。

　　寿山福海 7 幅。位于北壁下层及东西壁壁龛底层。画面高 26 ~ 34 厘米。东西壁各 3 幅，北壁 1 幅。均雕山水，山上刻楷书“寿”字，水面刻楷书“福”字。东西壁 6 幅均雕 2 山（图四四）。北壁 1 幅雕 3 山（图四五）。

图四四　浮雕寿山福海（M3 棺室东壁南龛）摹本　　　　　图四五　浮雕寿山福海（M3 棺室北壁）摹本

2. 蔡氏墓（M5）棺室浮雕及彩绘

整个棺室的浅浮雕和彩绘，与王玺墓中所见布局、大小、色彩均相同，但墓主人像、侍从为女性，手托物品不尽相同，雕文官处改雕侍女，瓶花数量少2幅。

蔡氏及左右侍女 雕于棺室北壁壁龛后壁。蔡氏像高41.8厘米，头束髻，簪花，饰"山"字形钿，戴耳坠，身穿圆领宽袖长服，腰束宽带，足穿翘头鞋。双手拢于腹前，端坐帐中椅上。左右及龛外两侧壁均雕1侍女，像高28.5厘米，均头束双髻、系带、簪花，身穿圆领紧袖长服，腰束宽带，足穿圆头鞋。双手分别捧巾、托食、举翣扇，侧身而立（图四六～四八）。

图四六 浮雕蔡氏像及侍女（M5 室北壁壁龛）摹本

图四七 浮雕侍女（M5 棺室北壁龛外西侧）摹本

图四八 浮雕侍女（M5 棺室北壁龛外东侧）摹本

飞天 6幅。像高18厘米。位置、服饰、双手持物及形态均与M3飞天相似。

东西壁侍女 8幅。均为立姿。

6幅位于飞天之下，每幅2人。像高24.5厘米。侍女均发后系结，饰花2朵。身穿圆领宽袖长服，肩着短帔。东壁侍女除1人双手拢于胸前外，余均托物，有的托盘，盘内置珊瑚、蛋、果品，有的托执壶、燃烛等（图四九～五一）。西壁侍女除1人双手拢于胸前外，其余均双手托盘，盘中置花、串珠、蛋、点心等（图五二～五四）。

图四九　浮雕侍女（M5 棺室东壁南龛）摹本

图五〇　浮雕侍女（M5 棺室东壁中龛）摹本

图五一　浮雕侍女（M5 棺室东壁北龛）摹本

图五二　浮雕侍女（M5 棺室西壁南龛）摹本

图五三　浮雕侍女（M5 棺室西壁中龛）摹本

图五四　浮雕侍女（M5 棺室西壁北龛）摹本

图五五　浮雕侍女（M5
棺室西壁）摹本

图五六　浮雕侍女（M5
棺室东壁）摹本

图五七　彩绘瓶花（M5
棺室西壁）摹本

　　2 幅位于东西壁近棺室门处。像高 74.5 厘米。头束双髻、簪花，额前系带。身穿圆领束袖长服，腰束宽带，足穿圆头鞋。均侧身而立。1 人托方盘，盘中置 7 小杯，杯中放 1 小勺（图五五）。1 人双手举壶于胸前（图五六）。

　　珍品　7 幅。均系以绶带。东西壁各 3 幅。画面高 27 厘米。除均有古罗钱、金银锭外，东壁另有犀角，西壁另有珊瑚。1 幅位于北壁中层，为方胜。

　　瓶花　4 幅。绘于东西壁。画面高 26 厘米。东壁为牡丹和荷花；西壁 1 幅剥落，另 1 幅为菊花（图五七）。

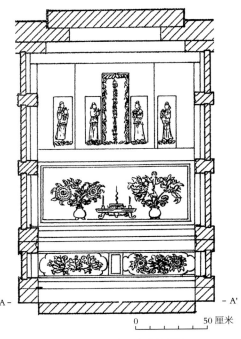

图五八　M10 棺室北壁剖面图

图五九　浮雕碑记及侍女（M10 棺室北壁壁龛）拓片

寿山福海 7 幅。与 M3 相同。画面高 26 厘米。

其余 3 座女性墓（M1、2、4）的浅浮雕及彩绘基本与 M5 相同。不同的为墓主像，侍女手中托盘内所置物品为灵芝、珍珠、蟠桃、夌、盖碗（茶托），方盘中放置 3 杯、4 杯、6 杯，有的还执斧。

（二）王祥夫妇墓雕刻

此 3 墓棺室及王祥墓前室均有雕刻。

1. 王祥墓（M10）雕刻

除棺室顶部藻井图案为线刻外，其余均为浅浮雕。

棺室北壁上层雕碑记及左右侍女，中层雕祭台及瓶花，下层雕花卉（图五八）。

棺室东西壁壁龛自上而下各层分别雕飞天、侍女及乐舞、武士、狮和麒麟。

前室东西壁壁龛内自上而下分别雕仙鹤、文官、男侍、狮。

碑记及左右侍女　棺室北壁壁龛后壁雕碑记。碑呈长方形，宽

18、高51厘米。上下刻莲瓣，左右饰缠枝花。碑正中阴刻楷书"大明宣授从仕郎龙州判官王公讳祥神主之墓"19字。碑两侧及龛外两侧壁均雕侍女1人，像高30～31厘米。均头束髻、系带，上身着交领服，下身穿长裙，脚踩莲座。手中托盘或举执壶，盘中分别置食物、1或2杯，侧身而立（图五九～六一）。

祭台及瓶花　棺室北壁中层雕祭台和瓶花。画面长1.02、高0.38米。台上置香炉和蜡烛。2瓶花分置于台两侧。瓶侈口，短颈，球腹，圈足。花为牡丹和绣球花（图六二）。

花卉　棺室北壁下层雕牡丹及绣球花各1株（图六三）。

图六○　浮雕侍女（M10棺室北壁龛外西侧）拓片　　图六一　浮雕侍女（M10棺室北壁龛外东侧）拓片

图六二　浮雕祭台及瓶花（M10棺室北壁）拓片

图六三　浮雕花卉（M10棺室北壁）拓片

飞天 4 幅。位于棺室东西壁壁龛上层。每壁各 2 幅，每幅 2 飞天。像高 20 厘米。均头束双髻，身着圆领束袖长服，下端渐成飘带，肩有帔。置身于飞云之中。东壁飞天除 1 位手中举花外，其余均双手托盘，盘中置鱼、食物和物品（图六四、六五）。西壁飞天或一手托盘、举花或双手托盘，盘中置果品和物品（图六六、六七）。

东西壁侍女 2 幅。雕于棺室 2 壁之北龛、飞天以下一层。每幅 3 侍女。像高约 20 厘米。1 人头束高髻，其余头后系结，上身穿交领束袖短衣，下身着长裙。东壁各侍女双手分别捧镜、奁和圆盒，侧身而立（图六八）。西壁侍女 1 人双手托物，1 人握双手于身前，1 人手持 1 系绳圆扁壶，均侧身而立（图六九）。

乐舞 1 幅。浮雕于棺室西壁南龛、飞天以下一层。共 3 人，像高 20 厘米。居中者为 1 男乐工，立姿。头戴瓜皮帽，身着交领束袖长服，腰束带，左手抱七弦琴，右手作弹拨状。其右为 1 舞女，头束双髻，身着圆领长服，束袖较长，腰束带，举左手、提左足作起舞状。男乐工以左为 1 女性，头束高髻，上身着交领短衣，下身着长裙，双手拢于胸前，面向舞乐者而立（图七〇）。东壁南龛与西壁乐舞位置相对处画面已剥蚀不辨，或许原来也浮雕乐舞。

图六四 浮雕飞天（M10 棺室东壁南龛）拓片

图六五 浮雕飞天（M10 棺室东壁北龛）拓片

图六六 浮雕飞天（M10 棺室西壁南龛）拓片

图六七 浮雕飞天（M10 棺室西壁北龛）拓片

图六八 浮雕侍女（M10 棺室东壁北龛）拓片

图六九　浮雕侍女（M10 棺室西壁北龛）拓片

图七〇　浮雕乐舞（M10 棺室西壁南龛）拓片

图七一　浮雕武士（M10 棺室东壁南龛）拓片

图七二　浮雕武士（M10 棺室东壁北龛）拓片

武士　4 幅。雕于侍女及乐舞的下层。每壁 2 幅，每幅 3 人。像高 25 厘米。均头戴乌纱帽，身着圆领束袖长服，腰束带，足穿靴。东壁武士分别举锤、钺等（图七一、七二）。西壁 2 幅均残缺。

狮和麒麟　2 幅。雕于东壁武士的下层。画面高 16 厘米。内容相同，为 1 狮 2 麒麟，狮居中（图七三）。西壁 2 龛相对处浮雕已剥落，原似也雕同类图案。

仙鹤　2 幅。雕于前室东西壁龛上层。每幅 2 鹤。画面高 17 厘米。鹤作飞翔状，置身于飞云之中（图七四）。

文官　2 幅。雕于仙鹤下层。东西壁各 1 幅，每幅 3 人。像高约 23 厘米。均为立姿，头戴乌纱帽，身着圆领束袖长服，腰束宽带。东壁 3 人中，右 1 人执物，其余 2 人手拢于身前（图七五）。西壁 3 人手均拢于身前。

男侍　2 幅。位于文官的下层。东西壁各 1 幅，每幅 6 人，3 人一组。

图七三　浮雕狮和麒麟（M10 棺室东壁南龛）拓片

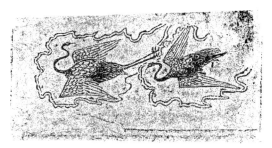

图七四　浮雕仙鹤（M10 前室东壁龛）拓片

图七五　浮雕文官（M10 前室东壁龛）拓片

图七六　浮雕男侍（M10 前室东壁龛）拓片

图七七　浮雕男侍（M10 前室西壁龛）拓片

图七八　浮雕双狮（M10 前室东壁龛）拓片

图七九　线刻藻井（M10 棺室顶）拓片

像高 23 厘米。均为立姿。每幅中北侧一组均头戴巾、系带，身着圆领束袖长服，腰束带，足穿短筒靴。其中东壁 3 人中 2 人手拢于身前，左肘下夹 1 长方形物；另 1 人右手抚胸，左手举于胸前。西壁 3 人中 1 人左手秉烛，右手扶腰带；2 人拢手于身前，其中 1 人右腋下夹一长圆筒形物。南侧 1 组 3 人均头戴瓜皮帽，上身着交领束袖短衣，腰束带，下身穿裙，足穿靴。东壁 3 人中 2 人双手均拢于身前，1 人已残缺（图七六）。西壁 3 人中 2 人双手拢于身前；1 人左手平举胸前，右手扶腰带，头上似插一羽饰（图七七）。

　　狮　1 幅。雕于前室东壁壁龛最下层。画面高 16 厘米。为 2 狮相对（图七八）。西壁壁龛相对处已剥落，估计原来也雕同类图案。

　　藻井　1 幅。位于棺室顶中部。方形，边长 64 厘米。线刻二龙戏珠，四周布满云气纹（图七九）。

2. 明氏墓（M9）浮雕

北壁壁龛后壁浮雕碑记及侍女，下层雕祭台及瓶花（图八〇）。

东西壁壁龛上层均雕男女侍，两壁北龛下层也雕男女侍，南龛下层则雕乐舞。

碑记及左右侍女　北壁壁龛后壁正中雕碑记。碑形及四周纹饰与 M10 相似，高 50、宽 21 厘米。阴刻楷书"龙阳郡明氏二孺人之墓"10 字。碑左右及龛外两侧壁均雕 1 侍女。均头束髻、系带，上身着交领短衣，下身穿长裙，脚踩莲座。2 人双手执壶，1 人双手托盘，盘中置 1 高足杯。均侧身而立（图八一）。其中龛外东侧壁侍女已剥落。

祭台及瓶花　雕于北壁下层。画面高约 30 厘米。台上置 1 香炉，两侧分别雕 1 瓶牡丹和绣球花（图八二）。

男女侍　6 幅。

4 幅位于东西壁壁龛上层。每壁 2 幅。像高 20 厘米。其中南龛上层均刻男女侍各 1 人。女侍头束双髻、系带。上身着交领束袖短衣，下身穿长裙，手中分别托 1 圆盒和 1 套盒。男侍均头戴瓜皮帽，身着圆领束袖长服，腰束带。东壁 1 人双手拢于身前，西壁 1 人双手捧方盒，均立于云海之中。此 2 幅男女侍中间有芍药或牡丹 1 株（图八三：上；八四：上）。北龛上层均刻 1 男侍和 2 女侍。其中东壁男侍位置居中，西壁男侍位于画面最右。女侍头束髻，均着束袖长服，1 人交领，余皆圆领，腰均束带。1 人托食，1 人执壶，其余 2 人双手托盘，盘中置食品。东壁男侍头戴瓜皮帽，身着圆领束袖长服，腰束带，双手执瓶举于胸前。西壁男侍头戴乌纱帽，衣饰同东壁男侍，双手托方盘，盘中置 4 杯。均立于云海之中（图八五：上；八六：上）。

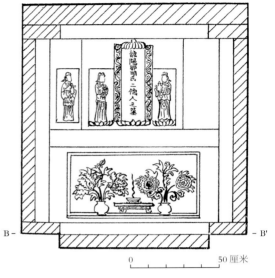

图八〇　M9 北壁剖面图

图八一　浮雕碑记及侍女（M9 北壁壁龛）拓片

图八二　浮雕祭台及瓶花（M9 北壁）拓片

图八三　M9 东壁南龛浮雕拓片
上：男女侍　下：乐舞

图八四　M9 西壁南龛浮雕拓片
上：男女侍　下：乐舞

　　2 幅位于东西壁北龛下层。每幅 1 男侍 2 女侍。像高 20 厘米左右。东壁男侍居 3 人中，头戴瓜皮帽，身着圆领长服，双手托盘，盘中有 1 龟。西壁男侍头戴乌纱帽，服饰同东壁下层男侍，双手拢于身前。女侍均头束髻、系带，均着长服，2 人圆领，2 人交领，腰均束带。1 人双手举双板；1 人托盘，盘中置 1 杯；2 人双手拢于身前。均立于雕花围栏之内（图八五：下；八六：下）。

　　乐舞　2 幅。雕于东西壁南龛下层。每幅 3 人。像高 20 厘米。皆女性，均为舞者居中，奏乐者分立两侧。头均束髻。

　　东壁 2 女乐着短衣长裙，左 1 人衣交领，双手持板作拍击状；右 1 人侧身，举双槌击一扁圆鼓。中间 1 人头束双髻，身着圆领长服，束袖较长，

图八五　浮雕男女侍（M9 东壁北龛）拓片　　　　　图八六　浮雕男女侍（M9 西壁北龛）拓片

腰束带。头斜向击鼓者，右手举起作起舞状（图八三：下）。

西壁 3 人均着短衣长裙。右侧乐者衣对襟，头侧向舞者，怀抱五弦琴作弹拨状。左侧乐者衣交领，头左侧。双手持长笛作吹奏状。舞者戴耳饰，衣对襟，长袖，头侧向弹琴者，右手插腰，左手斜举作起舞状（图八四：下）。

3. 赵氏墓（M11）浮雕

布局、内容等基本同于 M9。碑记阴刻楷书"敕封龙阳郡赵氏孺人之墓"11 字。2 幅乐舞中乐器的组合与 M9 略有不同，1 幅为笛与鼓的组合，1 幅为手击乐器与五弦琴组合。

三、随葬遗物

各墓出土遗物多少不等，最少的 1 件，最多的 45 件。有金器、银器、铜器、瓷器、陶器、玉器、锡器、铁器、木器及泥器等（详见附表）。

（一）金器

129 件。有发饰、耳坠、手饰、带饰、服饰、胸佩饰、龙等。质地分纯金和金包银两种。

钿 7 件，可分 3 式。采用模压、钻刻、焊接、缠绕等方法制成。其纹饰呈半立体状，内容有人物、神像、鸟兽、楼阁及花边等。依其用途又可分成前后钿两种。

I 式 3 件。呈山峰形，峰尖居中，正、背面均有纹饰。均为后钿。

M8:2 正面以建筑为背景。顶上有缠枝葡萄，下以栏板相围，栏板下有云纹，周边均环绕连珠纹。中部 1 人骑在马上，身后两侧各有 1 男侍举翣扇相随，马前两侧各有 1 人提灯开道，马头前有 1 人吹笙，1 人起舞。两侧有乐队和侍者，或吹笛，或击鼓，或操琴，或弹琵琶，或托物品相随。人物共有近 40 人。人物后方隐约可见瓦顶。背面以金箔模压出瓦房 1 组及 4 个横置的管状穿孔。此钿制作精细，人物造型生动。长 18.8、高 6.3 厘米。重 116 克（图八七）。

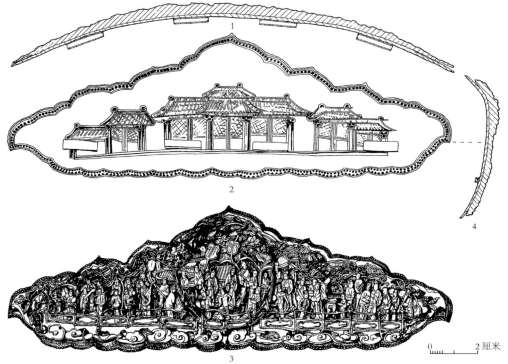

图八七　I 式金钿（M8:2）
1、4.剖面　2.背面　3.正面

另 2 件（M6:10、M15:2）图案相同。正面周边环绕连珠纹。中间为 1 坐佛，左右各 1 侍童，身后均有叶片，佛下有双凤及莲花，莲花四周有缠枝花环绕。背面有 4 个横置的管状穿孔。M15:2 长18.4、高 8.5 厘米（图八八）。M6:10 稍大。

Ⅱ式 1 件（M5:28）。呈叶片形。也为后钿。正面饰园林建筑：前有围栏，栏下有流水及 1 龟；后有瓦房，顶上覆盖缠绕的枝叶。围栏与瓦房间有 10 余人组成生动的上马出行场面。中间 1 人头戴乌纱帽，蓄长须，身着圆领长服，正骑在马上；其后 1 女性头束高髻，身着交领服，正由 2 人扶着上马；其余各人或举物相随，或作送行状。背面以金箔模压成楼阁和管状穿孔。长 6.6、高 4.8 厘米。是钿中最小的 1 件（图八九）。

Ⅲ式 3 件。呈"山"字形，均为前钿。

M6:9 正面饰围栏，栏后人物分 2 排。后排居中处踞坐 1 老叟，长须，左手扶杖，右手置腿上。左侧立 1 男侍，双手捧果盘面向老叟。男侍身后 1 鹿，正回首向老叟张望。右侧立 1 女侍，双手捧盘面向老

图八八 Ⅰ式金钿（M15:2）（1/2）

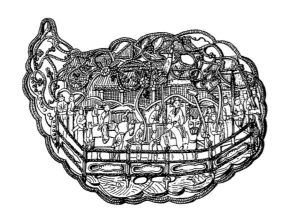

图八九　Ⅱ式金钿（M5:28）（原大）

图九〇　Ⅲ式金钿（M6:9）（1/2）

图九一　Ⅲ式金钿（M8:1）（1/2）

叟，盘中置1杯。女侍身后立1鹤，引颈向老叟。后排左右两端均立1男1女，女性持物，男性双手拢于身前。前排8人，均侧身向老者，左右侧各4人，有男有女，或持物，或拱手。顶部有火焰状纹饰。正面上下原均嵌宝石，已脱落。在"山"字形3竖处及纹饰栏杆下方均有三角形镂孔。长11.2、高8厘米（图九〇）。

M8:1正面中部饰围栏，栏下有5朵莲花。顶部有火焰状纹饰。栏杆内中部为文殊菩萨乘狮，左右各1侍者，1双手捧物，1双手合十。长10.6、高8.5厘米（图九一）。

M15:3形制与M8:1相类。正中为1菩萨坐于莲台上，左右各1侍者，下有5朵莲花。

簪　27件，可分7式。

Ⅰ式4件。均出于M5。簪头呈长条形，正面为半立体双重楼阁，每重均有栏杆，歇山顶或卷棚顶，顶上有葡萄枝叶环绕。圆形插针。

M5:26簪头上层阁顶为卷棚顶，下层为歇山顶。上层阁内对坐2人。下层阁中部坐1人，面前1物，上有方格形图案，似为1棋盘，坐者右手置此物上。左右分立2人。簪头下部有叶片形图案，两侧及下部边沿均

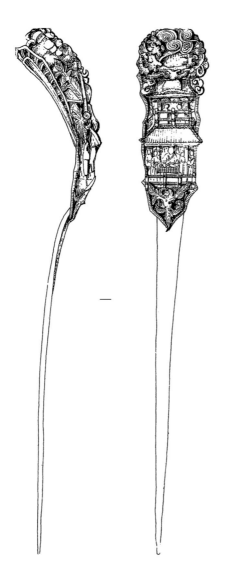

图九二　Ⅰ式金簪（M5∶26）（原大）

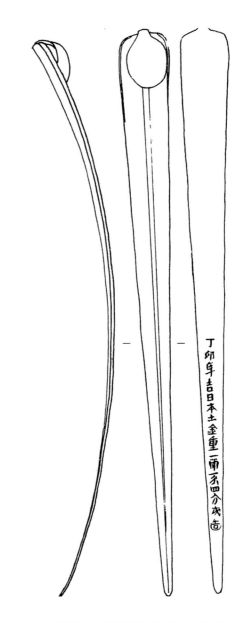

图九三　Ⅱ式金簪（M5∶25）（原大）

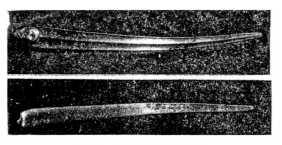

图九四　Ⅱ式金簪（M5∶25）
上：正面　下：背面

饰连珠纹。簪头长 5.6、宽 2、通长 14.8 厘米（图
九二）。

M5∶30 簪头上下阁顶均为卷棚顶。上层阁内对
坐 2 人；下层阁内有 4 人 1 马。簪头长 6、宽 1.7、
通长 15.5 厘米。

Ⅱ式 2 件。簪身扁长，头宽下窄，中有凸棱 1 道。
簪头为半圆珠形。

　　M5:25 较宽。簪身背面阴刻楷书"丁卯年吉日本土金重一（两）一（钱）四分成造"17 字。长16、宽 1.4 厘米（图九三、九四）。

　　M3:22 较窄。正面针刻两排缠枝叶。背面阴刻楷书"岁在甲寅仲冬吉日成造八呈金重六（钱）半"17 字。长 13.7、宽 0.9 厘米（图九五、九六）。

　　Ⅲ式 6 件。身呈竹叶形，正面中部有凸棱 1 道。

　　5 件簪头为半立体瓜形，瓜棱外凸，有蒂和叶。M6:11 簪头瓜分 5 瓣，簪头长 4.2、宽 3.5、通长 17 厘米（图九七、九八）。其余 4 件（M8:3，M22:1、2，M22:1）略小。

图九五　Ⅱ式金簪（M3:22）（原大）

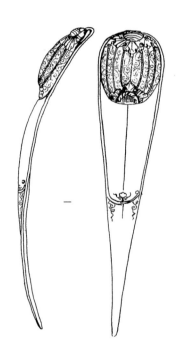

图九七　Ⅲ式金簪（M6:11）（1/2）

图九六　Ⅱ式金簪（M3:22）

图九八　Ⅲ式金簪（M6:11）

另 1 件（M8:8）簪头为 1 半立体女神，头向簪尖，头束髻，怀抱琵琶作弹拨状，身下骑独角兽，身后以云海纹作地。簪头长 3.5、宽 3、通长 16 厘米（图九九）。

Ⅳ式 10 件。伞形。簪头呈菊花形，有 3 层圆角长条形花瓣和花心。圆形插针。M22:2 簪头径 3.8、通长 13 厘米（图一〇〇）。其余 9 件（M4:18、19，M5:34～37，M20:2，M21:3、4）大小不等。

Ⅴ式 2 件。簪头呈尖瓣菊花形，花心嵌淡红色宝石 1 颗。插针上段呈管状，下段接银针。M13:14 簪头径 1.8、管状插针长 3.5 厘米（图一〇一）。M13:12 宝石已脱落。

Ⅵ式 1 件（M14:4）。簪头为 1 朵小花，花心嵌淡黄色宝石 1 颗。花下为细圆颈，上有螺状纹，颈下 1 段呈六棱形，渐成圆锥形。簪头径 0.8、通长 9.7 厘米（图一〇二）。

Ⅶ式 2 件（M13:13、15）。簪头为圆盘状，盘内嵌螺钿，盘下近底部饰连珠 1 周和绳纹 2 周。管状插针，下接银针。簪头径 1.8、深 0.6 厘米。

耳坠 18 件，可分 4 式。

Ⅰ式 6 件。葫芦形。表面满布细丝。2 件（M8:9、10）叶和蒂上嵌宝石 9 颗，瓜心为古罗钱形，瓜长 3.5 厘米（图一〇三）。其余 4 件（M1:17、18，M6:13、14）叶和蒂上无宝石，瓜心为 1 朵小花，其中 M1:18 瓜长 3.5 厘米（图一〇四）。

Ⅱ式 9 件。葫芦形，瓜面分瓣外凸。2 件（M15:4、5）瓜面分为 8 瓣，有蒂和 4 片叶，瓜心为古罗钱形，瓜长 3 厘米（图一〇五）。其余 7 件（M4:20、21、23，M21:5、6，M22:5、6）瓜心为小花瓣形。

Ⅲ式 1 件（M4:22）。葫芦形，瓜面光素，瓜心为花瓣形。瓜长 3 厘米（图一〇六）。

Ⅳ式 2 件（M13:9、10）。为 6 瓣小花形。花径 1.2 厘米（图一〇七）。

戒指 15 件，可分 3 式。

Ⅰ式 9 件。嵌宝石，宝石多已脱落，托有长方形、桃形、椭圆形、圆形、六边形及方形几种。其中 M21:9 椭圆形，托底饰连珠纹和绳纹，内嵌紫红宝石，指环饰云气纹，托径 2 厘米（图一〇八）。

Ⅱ式 4 件。面为 1 立体睡狮。托周饰连珠纹。其中 2 件（M6:1、

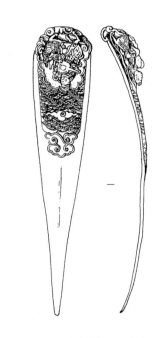

图九九　Ⅲ式金簪（M8:8）（1/2）

图一〇〇　Ⅳ式金簪（M22:2）

图一〇一　Ⅴ式金簪（M13:14）

图一〇二　Ⅵ式金簪（M14:4）

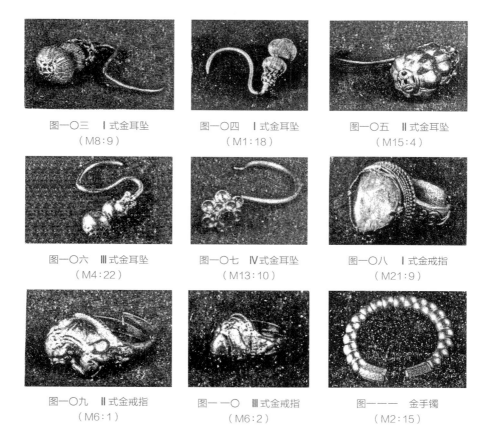

图一〇三　Ⅰ式金耳坠
（M8：9）

图一〇四　Ⅰ式金耳坠
（M1：18）

图一〇五　Ⅱ式金耳坠
（M15：4）

图一〇六　Ⅲ式金耳坠
（M4：22）

图一〇七　Ⅳ式金耳坠
（M13：10）

图一〇八　Ⅰ式金戒指
（M21：9）

图一〇九　Ⅱ式金戒指
（M6：1）

图一一〇　Ⅲ式金戒指
（M6：2）

图一一一　金手镯
（M2：15）

6）托底部镂刻古罗钱，长 1.8 厘米（图一〇九）。另 2 件（M15：12、13）托底为 1 小圆孔。

Ⅲ式 2 件（M6：2、3）。面为 1 立体伏地鸳鸯，托周边饰连珠纹。长 1.6 厘米（图一一〇）。

手镯　4 件。均系连珠形。有开口，口两端各有 1 段为六面体。2 件（M2：14、15）为纯金质，开口处 6 面中有 5 面刻饰斜方格纹等。其中 M2：15 六面体内边分别阴刻楷书"能造""赤金"。径 7 厘米，重 250 克（图一一一）。另 2 件（M6：5、7）为金包银质，开口处 6 面刻饰花瓣。

带饰　4 组。

M7：3 用銙 20 枚，前 13，后 7，与明制相符。每枚表面镂刻缠枝莲，并嵌色泽、大小不同的宝石，最少 1 枚嵌 3 颗，最多 1 枚嵌 11 颗，共嵌宝石 142 颗。通长 1.35、宽 0.06 米。

M20：1 已残，现存銙 18 枚。每枚上镂刻缠枝花作为地纹，中部突出 1 麒麟，姿态各异，有的奔跑，有的下伏，有的站立，有的踞地。

其余 2 组中，M5：31 残存 16 枚，銙为莲花瓣形，中心均为 1 花，各銙中心饰花种类均不同。M6：4残存18枚，原均嵌物，出土时已脱落，所嵌物不明。

纽扣　26件。可分4式。

Ⅰ式8件。云托月形。纽为3朵云形。扣为圆月形。M13：8通长3厘米（图一一二）。另7件均出自M21。

Ⅱ式6件。均出自M21。蝶采花形。纽为双蝶，扣为1朵菊花。M21：13扣径1.8厘米（图一一三）。

Ⅲ式2件。均出自M21。无纽，珠形扣。

Ⅳ式10件。出自M4和M5。无纽，镞形扣。

佩饰　2件。

M5：39套链的1端拴1圆环。另1端拴1镂孔古罗钱形圆球，球四周悬吊4朵喇叭形花，球下垂吊2个镂孔长圆筒，筒身均镂刻缠枝花、古罗钱和仙鹤1对。筒径1.8、高4、通长35厘米。

M21：6球形链的1端倒吊1朵莲花，花上1对鸳鸯，嘴各含1套链。链分3段：上1段悬吊1朵云，云两端吊喇叭花朵；中间1段吊1古罗钱，钱两侧吊1圆铃；最下1段吊1锭，锭两端吊花1朵，中部悬鱼1条。通长28厘米（图一一四）。

粉盒　1件（M21：7）。圆形。盖面凸起。盒身子口，平底。盒与盖的1侧均有1方形横耳，耳孔中套1链。盒径5、带盖通高3、链长25厘米（图一一五）。

龙　5条。出于M12～M16腰坑所置陶罐内。为金箔模压制成。4条（M13：8、M14：21、M15：16、M16：2）有双翼，长8～13厘米。其中M14：21颈部有双翼，身披鳞，似飞状，长13厘米。M12：17无翼。

压胜钱　8枚。M14出7枚，另1枚出自M21。以金箔压制而成。方形穿，宽沿，肉有双弧纹及4个小圆孔。钱径3.2厘米（图一一六）。

其他　12件。耳勺1件（M21出土），长9厘米。链条1件（M14：11），长29.5厘米。小圆圈3件（M13、M14、M19出土），径0.9～2.1厘米。空心串珠2串（M14、M21出土），各有24、29颗，径0.7厘米。云形饰2件（M22出土）。花形饰1件（M2：27）。桃形饰2件（M22出土），为金镶玉质。

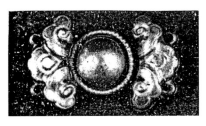

图一一二　Ⅰ式金纽扣（M13：18）

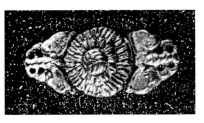

图一一三　Ⅱ式金纽扣（M21：13）

图一一四　金配饰（M21：6）

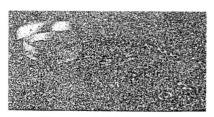
图一一五 金粉盒（M21:7）

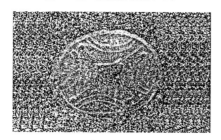
图一一六 金压胜钱（M14:14）

图一一七 Ⅰ式银簪（M15:6）

图一一八 Ⅱ式银簪（M15:9）

图一一九 Ⅱ式银簪（M12:9）

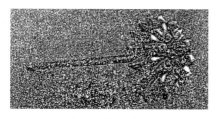
图一二〇 Ⅲ式银簪（M15:8）

（二）银器

49件。有簪、耳坠、手镯、戒指、纽扣、带饰，其中以簪最多。另有耳勺、牙签、小圆粉盒。

簪 26件，可分5式。

Ⅰ式2件（M12:13、M15:6）。形制基本同于Ⅲ式金簪。瓜状簪头，有蒂和叶，瓜心为1朵小花。M15:6簪头长4、宽3.5、通长18厘米（图一一七）。

Ⅱ式10件。形制与Ⅳ式金簪相似，但花瓣层次或多或少，且分粗细两种。2件（M15:9、10）簪头细花瓣，簪头径3.4、通长12厘米（图一一八）。其余8件出自M12、M15、M21、M22，簪头均为条形圆角粗花瓣，其中M12:9簪头径3.6、通长13厘米（图一一九）。

Ⅲ式11件。出自M6、M8、M12、M15。簪头花形，瓣呈尖状，径2.5～5厘米，圆形插针。M15:8簪头为2层大尖瓣菊花，簪头径5、通长12.5厘米（图一二〇）。

Ⅳ式2件。均出自M6。簪头为1小花，花心上凸。细圆颈有螺纹，颈下六棱下收，圆形插针。M6:8簪头径0.8、通长12.8厘米。

Ⅴ式1件（M19:1）。方形小簪头，插针与Ⅳ式相似。簪头宽1、通长9.4厘米。

戒指 3件，可分2式。

Ⅰ式1件（M12:1）。面呈葫芦形，托周饰连珠纹和绳纹。葫芦长1.3厘米（图一二一）。

Ⅱ式2件（M12:2、3）。面呈瓜形，瓜分3瓣，托周边饰连珠纹和绳纹。瓜长1.2厘米。

纽扣 4件，可分2式。

Ⅰ式1件（M12:14）。双鱼戏月形。圆扣，两侧双纽各为1条鱼。鱼长3.4、扣径2.5厘米（图一二二）。

Ⅱ式3件（M12:5，M8:14、15）。与Ⅰ式金纽扣相似。

其他 16件。连珠形手镯4件（M8出2件，M21出2件），与金手镯相似。葫芦形耳坠3件（M11:9，

M12:4、6）。耳勺 2 件（M3:23、M14:13），均与金质同种物相同。带饰 1 件（M8:11），与金带饰相同。小圆形粉盒 1 件（M14:10），径 6.1 厘米。牙签 1 件（M14:12）。钥匙 1 件（M14:17）。六棱钉 3 件（M3:24 ~ 26）。

图一二一　Ⅰ式银戒指（M12:1）

（三）铜器

93 件。有镜、炉、觚、瓶、投壶、簪、带饰、钱币等。

镜　18 件。

双鱼镜 3 面。圆形，质薄，凸缘。半球形纽，内区纹饰有双鱼及水藻，其外有凸弦纹 1 周。M12:15 径 12.6 厘米（图一二三）。其余 2 件（M15:15、M22:8）略小。

图一二二　Ⅰ式银纽扣（M12:14）

"为善最乐"铭镜 2 面。形制同于双鱼镜。内区铸楷书铭文"为善最乐"4 字，其外有凸弦纹 1 周。M6:32 径 8.2 厘米（图一二四）。另 1 件（M7:3）略小。

"长命富贵"铭镜 1 面（M14:20）。形制同于双鱼镜。内区铸楷书铭文"长命富贵"4 字，其外有凸弦纹 1 周。径 15 厘米（图一二五）。

菱花镜 1 面（M16:3）。镜面铸有"潮州念二炼铜照子"8 字。径 13.9 厘米。当系宋镜。

仿唐神兽葡萄镜 2 面（M1:16、M14:2）。其中 M14:2 鎏金，质厚重。径 17.5 厘米。

仿唐十二生肖镜 1 面（M5:24）。镜面有铭文"水银是阴精，百炼得此镜。八卦气象福，卫神永保命"20 字。径 28 厘米。

图一二三　双鱼铜镜（M12:15）

图一二四　"为善最乐"铭铜镜（M6:32）

图一二五　"长命富贵"铭铜镜（M14:20）

图一二六　Ⅰ式铜香炉（M19:2）　　　　　图一二七　铜投壶（M13:1）

素面镜6面（M2:13，M3:21，M13:16、17，M20:3，M21:20）。圆形。径6～26厘米。

香炉　3件，可分2式。

Ⅰ式2件。直口，内翻沿，深直腹，平底，3矮柱足。M19:2腹设对称的铺首衔环，口径10、高9.5厘米（图一二六）。M13:3腹部无铺首衔环。

Ⅱ式1件（M3:18）。鼎形。宽折沿，口沿上立2方形耳，直腹，平底。3圆柱状足。腹饰6个乳钉纹。口径17、通高21厘米。

投壶　2件（M13:1、5）。形制、大小相同。小直口，细长颈，颈近口部有2竖形贯耳，斜肩，鼓腹，喇叭形圈足。高17.6厘米（图一二七）。

瓶　2件（M19:3、5）。形制、大小相同。侈口，细长颈，溜肩，圆腹，最大径在下部，圈足。高16.5厘米（图一二八）。

觚　2件。M3出土。通高31厘米。

带饰　2件。出自M15、M21。有镑20枚。镑中部镶嵌之物已脱落。

簪　6件。出自M11、M12、M17、M18。形制与Ⅲ式银簪相同。

钱币　58枚。其中"货泉"、东汉"五铢"、剪轮"五铢"共20枚。唐"开元通宝"3枚。北宋"咸平元宝""景德元宝""至和元宝""治平元宝""熙宁元宝""元丰通宝""元祐通宝""政和通宝"共24枚。金"正隆元宝"2枚。明"洪武通宝"4枚。另有5枚锈蚀太甚，钱文不辨。

图一二八　铜瓶（M19:3）

（四）瓷器

89 件。器种有盖罐、瓶、碗、洗、盘、杯及女俑等。以釉论则有青花、影青、蓝釉、斗彩。

盖罐 6 件，可分 4 式。

Ⅰ式 1 件（M3:2）。盖呈覆盘形，有纽已残。身直口，短颈，溜肩，鼓腹下收，平底。盖面饰莲瓣纹及缠枝花，器身颈部饰斜方格纹，肩和底部饰莲瓣纹，腹部饰莲花和牡丹。均为釉上彩绘，釉色为黄、绿 2 种。口径 16、底径 14、通高 32 厘米。

Ⅱ式 1 件（M3:1）。盖呈覆钵形，盖口呈荷叶形，顶有桃形纽。器身形制与Ⅰ式相近。盖饰莲瓣、云气及花草纹，器身肩部饰锯齿纹，腹部饰花卉 2 朵和人物 1 组，近底部饰波浪纹。黄釉，黑色花纹。口径 19.5、底径 14.5、通高 40 厘米。

Ⅲ式 2 件。器形与Ⅰ式相似。影青釉，素面。M1:1 口径 16、底径 17、通高 32 厘米。另 1 件（M2:1）底略小。

Ⅳ式 2 件（M5:1、2）。铃形盖，桃形纽。身小口，溜肩，深鼓腹下收，平底。盖饰莲瓣和缠枝花纹，肩饰莲瓣纹，腹部饰菊花、牡丹、芙蓉和荷花，近底部饰山水纹。为白釉地绘黄、绿纹饰。M5:1 口径 6、底径 10、通高 31 厘米。

瓶 4 件，可分 2 式。

Ⅰ式 2 件（M13:2、6）。大小相同。敞口，短颈，溜肩，深鼓腹下收，平底。深蓝色釉。M13:2 口径 5、底径 8、高 25 厘米。

Ⅱ式 2 件（M5:20、21）。大小相同。盘式方口，细长束颈，附双兽形环耳，溜肩，鼓腹下收又外撇，圈足。影青釉。M5:20 口径 4、高 19 厘米。

碗 6 件，可分 4 式。

Ⅰ式 1 件（M6:16）。侈口，斜弧壁，圈足。饰青花，内底莲瓣纹，外壁水藻和蕉叶纹。口径 14、高 7 厘米。

Ⅱ式 1 件（M5:16）。侈口，翻沿，弧壁，圈足。斗彩，外壁饰缠枝花，系黄色点彩，近底部饰莲瓣纹。口径 12、高 7 厘米。

Ⅲ式 1 件（M19:4）。侈口，斜弧壁，圈足。施蓝釉，外壁饰暗缠枝花。口径 16、高 6.5 厘米。

Ⅳ式 3 件（M10:4 ～ 6）。形制、大小与Ⅲ式相近，影青素面，通体施釉。

盘 67件（出自 M1～M5、M20）。浅腹，圈足。均通体施釉。腹部均饰青花缠枝花，个别的内底饰怪兽和"寿"字。口径 12～17 厘米。

杯 3件。M6 出土。形制、大小相同。侈口，斜直腹，圈足。均施白釉。1件外底楷书"止"字，另 2件外底楷书"福"字。口径 7.5、高 4 厘米。

洗 1件（M5：17），直口，宽沿，方唇较厚，直腹，圈足。腹饰青花云水纹，有凸棱 2周。口径 16、高 10 厘米。

女俑 2件（M5：18、19）。形态相同。头束双髻，身着圆领束袖长裙，腰束带。双手托香炉置于胸前，立于六边形座上。施影青釉，发及腰带为黑色。M5：19 俑高 12、带座通高 15.5 厘米（图一二九）。

（五）陶器

26件。有罐、瓶、爵、炉、烛台等。釉色以绿釉为主，酱黄釉次之。

罐 8件，可分 4式。

Ⅰ式1件（M4：1）。直口，鼓肩，鼓腹下收，小平底。施绿釉。口径 17、底径 14、高 28 厘米。

Ⅱ式1件（M5：3）。直口，宽沿，圆唇，短颈，溜肩，深弧腹下收，平底。腹部饰凸起的八卦符号。施绿釉，底部未施釉。口径 12、底径 9.5、高 32 厘米。

Ⅲ式1件（M4：2）。侈口，宽沿，短细颈，鼓肩，深圆腹下收，平底。施绿釉。口径 4.5、底径 9、高 25 厘米（图一三〇）。

Ⅳ式5件（M12：18、M13：19、M14：22、M15：1、M16：1）。分别置于 M12～M16 棺室腰坑内。直口，卷沿，斜肩，鼓腹，平底。灰陶。大小不等。口径 8.5～12.5、底径 6.5～9、高 12～17 厘米。

瓶 6件，可分 3式。

Ⅰ式1件（M5：22）。侈口，宽沿，细长束颈，颈部有对称兽形耳，溜肩，圆鼓腹下收，喇叭形圈足。灰陶。器身贴金（大多已剥落），双耳涂朱。口径 4.5、高 17 厘米。

Ⅱ式2件（M11：6、10）。侈口，长束颈，颈部有对称长方形耳，直腹，喇叭形高圈足。腹部饰凸起的八卦符号。施绿釉。M11：10 口径 8.5、高 25 厘米。

图一二九 瓷女俑（M5：19）

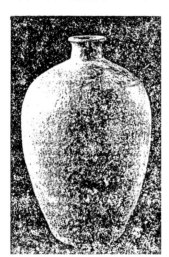
图一三〇 Ⅲ式陶罐（M4：2）

Ⅲ式 3 件（M7:4，M9:3、4）。小口，长直颈，颈近口沿处附对称宽长方形耳，溜肩，鼓腹，喇叭形圈足。肩饰凸莲瓣纹。施绿釉。M7:4 口残，口径 5、高 22 厘米。

炉 6 件，可分 3 式。

Ⅰ式 4 件。鼎形，侈口，直颈，溜肩，肩设对称长方形耳，鼓腹，圜底，3 兽足。M10:1 颈部饰 2 周连珠纹，耳上各 1 坐狮，腹部饰 4 兽头，施酱釉。口径 27.5、通高 33 厘米。M7:5 口部饰回纹，两耳间饰划纹。施绿釉。口径 10、通高 12 厘米。另 2 件分别出自 M4 及 M5，稍小。

Ⅱ式 1 件（M9:2）。大盘口，细颈，鼓腹，平底，3 矮足。施酱釉。口径 12.5、通高 11 厘米。

Ⅲ式 1 件（M6:17）。炉身似斗形。长方形侈口，宽沿，斜直腹，束腰形座，座下 4 短足。腹饰水波纹。施黄绿釉。口长 17、宽 14、高 11 厘米。

烛台 2 件（M6:18、19）。大小相同。台身系 1 狮立于方座之上。狮背上立 1 柱状物以承烛，束腰，饰莲瓣及竹节纹。施琉璃釉。通高 21.5 厘米。

爵 4 件。M9、M11 出土。施酱釉和黑釉。通高 8 ~ 9 厘米。

（六）玉、石器

玉带饰 1 件（M14:8）。用銙 20 枚。通长 1.06 米。

玉佩饰 1 件（M5:38）。圆形，金包玉，玉中心 1 朵金花，花周阴刻篆书"永保平安"4 字。径 4.5 厘米。

玉六棱珠 1 件（M13:7）。中有 1 小穿。径 2.5 厘米。

石买地券 9 方。分别出于王玺夫妇墓、王文渊墓（M7）、王轮墓（M19）、王鉴夫妇墓中朱氏墓（M21），均置于棺室南端，形制、大小相同。方形，1 端抹去 2 角。长 38、宽 37、厚 5 厘米。2 方（出自 M3、M4）正面刻死者官职、姓氏和八卦，其余各方仅在 1 面刻券文，刻后均填朱。券文排列格式有直读和环读 2 类。直读 1 类又分 2 种：1 种为正读与反读逐行相间；另 1 种为各行均正读。环读 1 种系从内向外顺时针排列。

王玺买地券（M3:27），正面刻楷书"右券给付殁故昭信校尉金事王玺收执准此"18 字，左右分别刻楷书"阴精交媾"和"阳气旋环"，

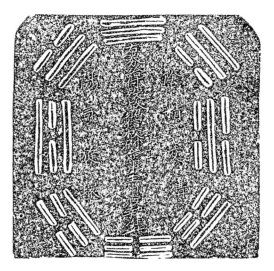

图一三一　王玺石买地券（M3∶27）正面拓片

图一三二　王玺石买地券（M3∶27）背面拓片

图一三三　王玺、曹氏、蔡氏及田氏石买地券（M3∶28）拓片

图一三四　王文渊石买地券（M7∶6）拓片

四边刻八卦（图一三一）。背面刻楷书券文14行，满行24字，共292字。券文直列，正读与反读相间（图一三二）。

王玺、曹氏、蔡氏、田氏4人合券（M3∶28），券文环列，中心刻5圆圈，以线相连，券文四周也刻圈及连线（图一三三）。

王文渊买地券（M7∶6），券文直列，正读（图一三四）。

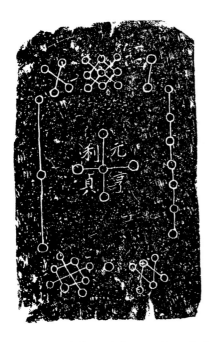

图一三五　王玺墓石诏书（M3:29）正面拓片　　　图一三六　王玺墓石诏书（M3:29）背面拓片　　　图一三七　蔡氏墓石诏书（M5:41）背面拓片

图一三八　王玺墓石诰命符（M3:30）正面拓片　　　图一三九　王玺墓石诰命符（M3:30）背面拓片

石诏书 5方。出于王祥墓及王玺夫妇墓中王玺、田氏、蔡氏、曹氏墓。行文格式基本相同。除王祥墓石诏书诏文为楷书直读外，其余4方诏文从内向外环读。

王玺墓石诏书（M3：29），长方形，1端抹去2角。长37.5、宽22.5、厚5厘米。正面刻楷书"元亨利贞"4字，四周及中心刻圆圈和连线（图一三五）。背面刻诏文，从内向外环读，共刻楷书95字（图一三六）。

蔡氏墓石诏书（M5：41），形制、大小基本同上。诏文在"女青"与"律令"几字间有"诏书"2字（图一三七）。

石诰命符 7方。出于王玺夫妇墓、王文渊墓、王铨墓。均置于棺室南部。长方形，1端抹2角。大小不等，长28～38、宽22～33厘来。

王玺墓石诰命符（M3：30），长38、宽23、厚5厘米。正面刻符1道（图一三八）。背面刻楷书9行，直读，满行26字，共138字（图一三九）。

此外，还有玛瑙扳指1件（M14：3）、铁剪1件（M11：1）、残锡壶3件（M10：2、3，M11：4）、残木梳1件（M11：7）、泥烛台1件（M11：11）。

四、结语

据买地券等文字可知，王玺夫妇中，王玺生于明永乐三年（1405年），卒于明景泰三年（1452年），生前为龙州宣抚司金事。曹氏生于永乐二乍（1404年），卒于正统十一年（1446年）。蔡氏生于永乐三年，卒于正统六年（1441年）。田氏生于永乐十七年（1419年），卒于天顺三年（1459年）。此4人生前均住"抚安乡曲水里"，于天顺八年（1464年）四月初三日同时入葬古城奉亲山。贾氏生于永乐十年（1412年），卒于成化十五年（1479年），成化十八年（1482年）三月初十日入葬。王祥夫妇葬于宣德六年（1431年）二月。王文渊及朱氏、王铨夫妇均葬于正德七年（1512年）。王鉴夫妇葬于弘治十三年（1500年）三月。

有关王氏墓主世系，据《龙阳郡节判王氏宗亲墓志》载："（王玺）高祖王坤厚任龙州长官司长官，坤厚传于曾祖父王文质，文质传于祖父王祥，升龙州元帅府副使，至正二十三年既龙州宣抚司使。洪惟圣朝洪武四年大军伐蜀，率众归附。洪武七年改龙州衙门，授从仕郎判官职。洪武十四年传于父王思民，永乐三年传于兄王真，永乐二十一年传于侄王忠政，宣德三年玺乃荣奉□兄袭父职。"另据《龙安府志》："宣德八年，松、茂、叠溪等处番猓作犯，（王玺）率兵征剿，歼灭渠魁，升授宣抚司佥事。"又据《报恩寺继葺碑铭》[2]："景泰三年，其子王铨继承父位。"此碑署名为："龙州宣抚司土官佥事王鉴，叔王璧，弟王钺、王铨，男王瀚。"据此可知，出土买地券等文字中所记墓主，王祥系王玺祖父，王鉴和王铨，系王玺长子和三子，王瀚（王文渊）系王玺之孙。王玺是世袭土官，从其高祖王坤厚到其孙王文渊统治平武地区达百数十年之久，跨元、明两代。

墓地中无文字资料的5座墓（M12～M16），从其位置及规模分析，可能是王玺父王思民夫妇墓。

这批墓葬从入葬年代看，最早的是宣德六年（1431年），最晚的为正德七年（1512年），前后相距80余年，且大多有明确纪年，材料比较完整。墓葬建筑结构有独特之处，其中建藻井、筑券拱、设腰坑，在四川明墓中实不多见。四川明墓一般多用俑（陶、瓷、铜、石质）随葬。这批墓葬在墓室内雕造大量浅浮雕石刻飞天、侍从、乐舞、文官、武吏及彩绘花卉等，而不见随葬俑。同样情况见于平武薛济贤家族墓[3]中。这说明明代早中期平武一带的官僚阶层流行这种葬俗，为研究明代墓葬制度，提供了重要的实物资料。

王玺等墓的浅浮雕石刻及彩绘图像，造型比例匀称，形态生动多样，如女性人物及飞天发式有单髻、双髻、头后系结或髻、结同用，有的髻上插簪，有的饰花，有的簪、花并用。男性头上所戴有乌纱帽、瓜皮帽、巾、冠等。服饰有圆领、交领长服，有对襟、交领短衣，有裙等。动作有奏乐、起舞、侍立等。侍立者手中所持有珍珠、珊瑚、灵芝、龟、鱼、蛋、果品、镜、奁、圆盒、壶、瓶、翣扇、书、砚及兵器等。这些都为研究明代生活，特别是服饰提供了资料。

这批墓葬所出器物及浮雕、彩绘所表现出的艺术水平相当高超。如浮雕人物及飞天形象准确，描黑眉，涂红唇，衣纹线条流畅大方，服饰所用红、绿、蓝色彩颇为谐调。几件镂雕图像的金发饰，制作工艺精湛，展示的场面多姿多彩，有出行、游乐、祝寿等，也反映了佛教、道教的内容。在细小的人物身上，从不同的衣着、动态，可以看出身份、年龄、情感不同，生活气息非常浓厚。这为研究明代的民间艺术，提供了珍贵的资料。

发掘清理：张才俊　王代升　王积厚
　　　　　郑长鹏　巩发明　黄子华
临　　摹：龚学渊
拓　　片：代堂才
绘　　图：刘　瑛
摄　　影：江　聪
执　　笔：张才俊

（本文原刊于《文物》1989 年第 7 期）

---

[1]　此墓志竖立在墓地南侧悬崖边，镌志文一面向南，部分志文已蚀勒，难以拍照或拓片，故发掘时只作录文。

[2]　此碑明天顺四年立，现在平武县报恩寺内。

[3]　此墓系 60 年代发掘，材料未发表。有关石刻资料现存四川省博物馆。

后
记

40多年前，在那个特殊的历史时期，一群考古人历经艰难地抢救性发掘了王玺家族墓地，从此几代文博人守护至今。睹物思人，文物依旧，斯人已逝。在此，向发掘、保护王玺家族墓文物的前辈和同仁致以崇高的敬意！

40多年来，由于种种历史原因，王玺家族墓出土的文物收藏在四川省文物考古研究院、绵阳市博物馆和平武县文物保护管理所等单位。在本书的筹划、实施过程中，我们得到了各方面的关心和帮助，四川省文物局、绵阳市文化广电新闻出版局、平武县人民政府、平武县文化广电新闻出版和旅游局以及平武县报恩寺博物馆等单位和部门给予了大力支持，在此表示感谢！

在本书的编写过程中，张才俊先生执笔的《四川平武明王玺家族墓》一文起到了重要的作用。为便于阅读和研究，我们按照功用分类的方法将出土文物分为饰品（身体佩戴和衣物缀饰等）、葬器（生活用器和明器等）、葬具（棺钉、棺环和门环等）、券书（买地券和石诏书等）和石刻（墓壁雕刻）五类，在饰品、葬器和葬具中又兼顾器物的材质进行编排。由于原简报对墓内雕刻描述得较为详尽，我们就不再赘述，仅对其他器物进行了简要的文字描述，力争与原简报形成互补。

高大伦院长策划、指导本书的编选工作，并拟定了书名；周科华负责书稿的统编、统校和审定工作；前言和文物的文字描述由郑万泉完成；第壹和第贰部分由郑万泉负责编选；第叁和第肆部分由钟治负责编选；第伍部分由任银负责编选；文物的摄影工作由江聪完成；墓地航拍照片由杨伟完成。

　　另外，在我们拍摄和整理出土文物的过程中，得到了平武县文物保护管理所的赵世洲、绵阳市博物馆的杨伟和四川省文物考古研究院的冯超南、辛玉、周羿杨、任俊锋等老师和同事的大力协助，在此一并表示感谢！

　　由于年代久远，一些发掘资料散佚，部分出土器物的原始单位已无法确认，给读者造成了诸多不便，我们深表歉意。同时，由于时间紧迫，编者水平有限，难免有错漏之处，祈望批评和指正。

编者

2018 年 3 月